教師にも瞬発力・対応力が必要です

田中博史
筑波大学附属小学校副校長

70周年
東洋館出版社

はじめに

授業がうまい先生を見ていると、ある力が優れていることがわかります。それはひと言で言うと、対応力。いや、**瞬間的に判断する力**と言い換えてもいいでしょうか。

きちんと指導案をつくって授業に臨んだとき、教師はどうしても指導案に合わせて動いてしまいがちです。引き出したい考えを発言するだろうと思える子どもだけを指名したり、逆にこちらが意図していない発言はスルーしてしまったり……。指導案どおりに授業を流すことができると、教師は授業がうまく成立したように感じるのかもしれません。

でも、子どもにとってはどうでしょうか。

子どもの目線で振り返ってみると、**子どもの意見にきちんと対応できていない自分、子どもの思考に寄り添えていない自分に気がついて冷や汗**ということも少なくありません。授業は誰のためのものなのか、もう一度考えなおしてみることが必要だと思います。

私は現在、筑波大学附属小学校（以下、筑波小）で副校長をしています。それまでは公立の小学校で九年、筑波小で二十八年、教師として授業をしてきました（実をいうと、いまでも授業をしています）。

授業では様々なことに気を配りますが、そのなかでも大切なことの一つが、先に挙げた咄嗟《とっさ》の対応力だと思います。**子どもの考えに瞬間的に対応しそれを連続させていくことが対話で創る授業**だと思うからです。

授業をするには、当然準備も必要です。「きょうの授業では、ここを学ぶから教材はこうしよう」「こういう発問をすると、子どもはなんと言うだろうか」……。

事前に、授業の流れをシミュレーションし、子どもの反応を予想することは必要でしょう。でも、その通りにしていくことが目的ではなく、これはあくまでも子どもにつきあうための準備なのです。

実際には、子どもというのは、大人の想像を易々と超えてくる存在です。思ってもみなかった考えが出てくることもしばしば。そんなときにその子どもの言葉に正対して、咄嗟に対応していくための準備だと言ってもよいでしょう。そして、ここが教師の腕の見せどころ。培ってきた瞬発力のある対応力が求められる場面です。

学習指導要領で対話の授業が注目されていますが、本当の対話には、相手の言葉に合わせて自分をその場で変えていくという瞬間があるはずです。子どもと対話しながら教師も**連続的に変化していく覚悟が必要**です。

では、その「瞬発力のある対応力」とは、どのようにして鍛えたらよいのでしょうか。

一つ、簡単な練習法を紹介しましょう。

たとえば、朝の時間。

まずは、**教卓に集まってきた子どもたち数人と雑談してみる**ことから始めます。

五人くらいがちょうどいいです。このとき、**自分は彼ら全員を楽しませてあげられるかどうか**に挑んでみます。

実際にやってみると、意外と難しいことがわかります。

一人の子が話しかけてきたとき、その子だけと話してしまうと、まわりで退屈する子が出てきます。あるいは、誰も知らないような話を延々としている子がいたときは、飽きてくる子も出てくるでしょう。一人だけが満足して、ほかの子が楽しめないという場面は授業のなかにもよく見かけることです。

教卓のまわりの五人を、なんとか全員参加させることを考えてみます。そのために先生は、**ある子が言ったことをまわりに振って別の子の発言を促します。**

「○○ちゃんの話って、みんなは知っているの?」「いま△△君が言っていたこと、どう思う?」と、全員を巻き込んでいくことを意識してみます。トーク番組のMCのようにです。

いままで聞き手だけになっていた子も参加せざるを得なくなります。ときには、教師が思ってもみなかった話題が出てくる。でもまた、それを取りあげて同じようにまわりに振っていく……。こうして**話題と話題のつながりを瞬間的に判断してどの子を参加させていくと盛りあがるのかを考える**のです。これだけでも教師の対応力は随分と鍛えられるでしょう。

普段の何気ない子どもとの会話でも、予期していない話題を使って広げられる人と、自分の予定どおりしかできない人では授業も全然違ってくると思いませんか。

そういう意味では、芸人さんなんかは、その力がもっとも長けている職業の一つかもしれません。テレビのバラエティ番組などで司会をしている芸人さんを見ていると、全員を巻き込みながら笑いを生み出しています。彼らに学ぶことは多いと思いました。

そこで、私は毎年、夏に教育セミナーと称して芸人さんとのトークショーを行い、その秘訣を学ぶ機会をつくろうと考えたのです（「先生のための夏休み充電スペシャル」）。これまで、ぐっさんこと山口智充《ともみつ》さん、ガレッジセールのゴリさん、ココリコの田中直樹さん、博多華丸・大吉の華丸さん、そして中川家の礼二さんと対談してきました。皆さん、第一線で活躍している芸人さんたちです。

彼らと話していて思うのは、皆さん、本当に瞬発力・対応力が素晴らしいということ。つかみのうまさ、おもしろエピソードの披露の仕方、やり取りするときの間、聴衆をほろりとさせる話し方……。彼らは当日のお客さんの雰囲気を見て、どんな話をすれば盛りあがるのかを瞬時に判断しているのだそうです。

指導案に縛られて授業が硬くなると悩んでいる先生にとって印象的だったのは、中川家・礼二さんのお話。漫才をつくるとき、普通は台本をつくってそれを覚えて練習すると思われますが、中川家さんはそれをしないそうです。

理由は、台本があると醒《さ》めてしまうから。ある程度ネタをつくったくらいで舞台に立ったほうが、お二人も緊張感をもって臨めるのでおもしろい漫才ができるとのことでした。

もちろん、彼らも最初からそれができたわけではありません。そこまでいくために、何度も舞台に立って技術を鍛えてきたからできるようになったそうです。

教師も同じです。最初からうまく対応できる人はそういません。でも、意識して鍛えれば必ずうまくなります。子どもたちとちゃんと向きあって対話する授業ができるようになります。

本書では、授業の命であるこの瞬発力・対応力を鍛えるにはどうすればいいのかを紹介していきます。

第1章では、私がこれまで学級経営や授業で培ってきた経験を活かして考えていること、実践してきたことを中心にしています。

そして、第2章以降では、教育セミナーでの芸人さんたちとの対談の一部を紹介することで、瞬発力・対応力の極意を探ってみたいと思います。

皆さんの日々の授業、学級づくりに本書が少しでもお役に立てれば幸甚です。

田中　博史

1章

子どもとの雑談が教師の瞬発力・対応力を伸ばす

一人だけでなくほかの子も巻き込む

「授業人五人会」という若手の先生との会があります。

これはその名の通り、全国各地で日々の授業に悩む若い五人の先生の悩みを私が出かけていって聞くという会です。北は北海道から南は沖縄まで行って、先生方と毎回三時間くらいの会をしています。

実は、この会は私にとっても**瞬発力・対応力を鍛える絶好の場**になっています。

というのも、私はここでは全くのノープランで挑んでいます。先生方がどんな悩みを抱えているかを事前に聞かされていませんし、テーマも何も決まっていません。なので、その場で出てきた話に瞬時に対応していくことになるわけです。

知り合いの先生からは、「よくそんなことができますね」と言われます。

きっとその先生は、出てきた質問すべてに私が答えていっていると思うからそう言ったのでしょう。答えられない質問が出てきたときはどうするのか、と思っているわけです。

私もすべての質問に答えることができるわけではありません。

でも、こういう会では逆に**すべての質問に答えられなくてもいい**と私は考えているのです。

その発想だと、子ども相手の日々の授業もできないでしょう（彼らは何を言い出すかわかりませんから）。

授業では、先生が発問し子どもが答えます。そのとき教師も、わからないことがあれば、「わからないな」と言っていいのだと思っています。子どもにも「わからない」ときは、わからないと言っていいんだと伝えているはずですよね。

大人も同じ。

わからなければ、わからないと言い、その**わからなさを皆で共有すればいい**のです。

たとえば、ある先生から出た質問が答えられないものだったとしても、「なるほど。私も若い頃、悩んでたな」と言いながら、ほかの先生に振ってみます。「先生方は、どう思いますか？」と。

すると、「私はこのようにします」「ぼくはこうするといいと思います」といろいろなアイデアが出てくるんです。司会をする人は、それをつないで新しいことを創りあげていくようにします。

このときの私は、一人の先生の悩みをほかの先生方につなぐ〝ハブ〟の役割を果たしていると言えるでしょう。

こうして、何人かで意見のキャッチボールをしていると、なんとなく自分の考えもまとまってきます。「このケースだと、一番いい方法はこれだな」と。**誰かの言葉を触媒にして、自分の経験から最適解が引きだされていく**のです。

これができるようになると、授業でも大いに活かすことができます。一人の子どもの話に、いかにしてほかの子どもたちも巻き込めるか。

これは授業の最初の問いをつくるテクニックにもつながっていきます。

子どもたちと対話しながら、**個々の問いの最大値を探る**わけです。

「なるほど、それについては○○さんは、どう思う？」「私は……」ということを何人と

1人ではなく
何人ともやり取りする
〇〇は
どう思う？
へえ〜
ハイ.
〇〇だと思います
私は…

もやっていると、不思議なもので授業で取り組むべき共通の課題が浮かびあがってきます。

よく公開授業で見るのが、一人の子の発言だけで「きょうの授業のめあては……」と課題を決めてしまうことが多いですが、もしかしたら課題をもっているのは一部の子どもたちだけかもしれないのです。

そうならないようにするためには、**もう一回別の子に戻してみます。**「○○君の話をいまから皆でやるけど、本当にいいの?」と。

「へえ、○○君の話は、□□なんだって」

「あれ? △△ちゃんはそう思ってないの?」

「みんなはどうなの?」……。

少なくとも三人くらいで確かめてみると、偶然ではなくなります。

逆にいうと、授業の課題を皆で共有する場面でさえも、これくらい何度もやり取りを続けないと浸透しないということです。このときも子どもをよく見て、子どもの動きに合わせていく。

授業で最も大切な「問いの共有化」を実現できる力がついていきます。

朝の時間の雑談は授業と同じ

若い先生が瞬発力・対応力を鍛えるには、「はじめに」でも述べたように、まずは朝の時間に子どもたち数人と雑談してみることをおすすめします。**朝の活動以外では特別活動、課外活動などのときでもいい**。遠足に行ったときでもいい。ともかく子どもたちと雑談して楽しめる自分かどうかを試してみます。

本当はそれを、日々の授業でしていくのがいいのですが、内容の定着を背負う日々の授業でやるのが難しいのであれば、休み時間を使って自分の対話力を鍛えてみたらどうかと提案しているのです。

たとえば、子どもから「先生、昨日の○○（が出演している）のドラマ見た？」などと言われたとき。こちらは見ていないどころか、そのドラマ自体を知らなかったとします。

皆さんなら、どう答えますか。

もし、「見てない」とだけ言ってしまえば、それで会話は終わってしまいます。とはいえ、知らなければ答えようがありません。そこで、相手に情報を伝えさせる返事をします。

「なんていうタイトルなの？」

すると、その子はタイトルを口にします。

ここがポイント。このとき、そのままその子に返事をしてしまうと、先生とその子だけの会話になってしまいます。そうではなく、ここでも前項の五人会のように、ほかの子に話を振るといい。

「ねえ、このドラマ、知ってる？」

聞かれた子が首を振ったら、**「じゃあ、タイトルからどんなドラマだと思う？」とさらに聞きます**。「こんなドラマかな……」と意見が出れば、それが合っているかどうか、最初の子に確認します。

ほかの子からも意見を聞いて、「かすっていたら言ってあげて」などと言う。もしも振られた子が話を聞いていなければ、「ごめん。もう一回言って」となります。

朝の雑談が対応力を鍛える!!

「聞いてなかったの？」
「いや、聞いてたけど誰が何を言っていたのか忘れちゃった」
「そうか。じゃあ、もう一回。今度は聞きながら、どれくらい内容が当たっているのか
『5点』『3点』『1点』と指で点数を示してあげるといいよ」……。

たったこれだけのことでも、対話の授業の練習になっていると思いませんか。

会話の〝緩急〟が授業にゆとりをもたらす

毎朝、子どもたちとこのような雑談をしていると、教師の腕は確実に上がっていきます（私は、この力を無駄話力とも言っています（笑））。

話の内容は、本当に取るに足らないことばかり。でも、そこがいいのです。

私は日記を読んだりしながら、子どもたちの会話に耳を傾け、つないであげます。

「お母さんがハンバーグを焦がしたんだ」と言う子がいれば、「へえ、焦がしたハンバーグも美味しいの？」と尋ねます。

隣で「ハンバーグは焦げてもいいけど、目玉焼きはダメだよね」と言う子が現れます。

こうした話題をつないであげる。そのうち彼らは私のことはそっちのけで、焦げた料理の話で盛りあがり出すわけです。

給食の時間なども、無駄話力を鍛える絶好の機会です。

以前、高学年のクラスでこんなことがありました。

ある女の子が私を見ながら笑っています。私が何かを取ろうとしたとき、ポトンと落としたのを見て、それだけで笑いのツボにはまってしまったようです。

それを見て「ことわざに『箸が転がってもおかしい年ごろ』というのがあるね」と私が言うと、ほかの女の子が「何それ、意味わからない」と突っ込んできます。

「いやいや、ここにいるじゃん。〇〇〇さんのことだよ。箸が転がっただけでケラケラ笑ってるよ」と私。「そんな、ばかな」「じゃあ、やってみようか。みんな、見てろよ」と言って、私はその子の目の前で箸を転がしてみせます。するとそれを見ていたほかの女の子全員が爆笑していました。


授業中でも子どもたちとのやり取りで、ちょっと無駄話ができる場面があるでしょう。これが**うまい息抜きになったり、よい意味での「緩み」になります**。研究授業で会場がウケるのも、こういった瞬間だったりします。

皆さんは、中高時代で覚えている先生はどんな先生でしたか。たいていは、授業の途中

月
16
日

月
16
日
土

で話が横道にそれる人だったりしませんか。人間の心情として、単調ななかにもふっと抜ける時間があると楽しいでしょう。そのときの話題の幅が広い先生には深さを感じたりしたものです。

ラジオのディスクジョッキーなんかは、そういった緩急の使い方がとても上手です。だから、深夜放送でも長く聞いていられるのではないでしょうか。芸人さんも上手ですよね。間の取り方とかツッコミのタイミングなど、本当に絶妙です。

授業中、チョークが折れただけでも笑いが起こったりします。まじめな先生は取りあいませんが、芸人さんだったらこんな美味しい場面はないでしょう。ここでさらにボケを挟んでくるかもしれません。皆さんなら、どうでしょうか。**この笑いをふくらませるかどうかは、先生次第**です。もちろん、収拾がつかなくなって、もとに戻せる自信がないときは、やめたほうがいいですけどね。

でも、学校の授業は一日に六時間もあるんです。この間、ずっとまじめにやっていたら、子どもたちも疲れてしまうでしょう。ですから、こういった場面を楽しめるといい。なにより、もし子どもたちにたくさんしゃべってほしいと思っているのであれば、こういった瞬間をチャンスととらえたいものです。

子どもを観察する

瞬発力・対応力を鍛えるためには、並行して子ども研究も必要になってきます。

最近、若い先生たちにおすすめしているのが、一分間観察法です。どういうことかというと、**好きなときになんの目的もなく、自分のクラスから一人を選んでその子の動きを一分間追いつづける**というもの。

これが本当におもしろい。

たとえば、子どもがよく動く時間、掃除の時間、給食の時間にやってみてください。私のクラスのわんぱく坊主。彼は給食を取りにいって戻るまでの間、どれだけ角にぶつかったか（笑）。お盆に給食を載せて、ガーンと人の机にぶつかって「痛〜い！」と言っています。また、向きを変えてこっちに来るとガーンとぶつかる……。

おもしろいのは、その子がぶつかった机に座っている子たちの表情がそれぞれ違うこと。ぶつかられて「も〜！」と怒った顔をする子、一方で全然気にしない子。ニコニコ笑って見ている子もいます。同じことをされても、こんなに反応が違うのかと思うほど。私は笑って見ている子のところに行って「さっき、ぶつかられたのに笑ってたね」と言うと、「うん。だっていつもだもん」という返事。どうやら慣れてしまったようです（笑）

この姿一つとっても、私が全体を見ていたときには見えなかったことです。**たった一人の子に焦点を当てるだけで、その子の人間関係が見事に浮かびあがっていました。**

子どもを観察するということで言えば、私は次のようなこともやっています。

教室に誰もいないのを見計らって、**本棚にある本を二冊ほど床に落としておきます。**そして、教室に入ってくる子どもたちが、落ちている本をどうするのかをずっと見ているのです。

落ちている本に気付かない子、気付いても無視する子、本を跳び越えていく子……。様々な子がいます。そんななか、一人の子が本を拾って本棚に戻しました。

さて、その後授業開始のチャイムが鳴って、私は黒板の前に立ちます。そして、授業を始める前に本棚に向かい、先ほどまで落ちていた本を取りだして、私はその本に語りかけ

本をみつける！
直す
本になった気持ちで
その子にだけ
お礼を言う
ありがとう

ます。

「よかったなあ。この教室に○○君がいて。○○君以外は、誰もおまえを拾ってくれなかったな。おまえ、床の上で子どもたちが跳び越えるのをずっと見ていて、『ああ、私は助けてもらえないな』と思っていただろうね。○○君にちょっとお礼を言いにいくか」

私は、本を拾ってくれた子のところに行きます。

「ありがとう。きみのおかげで私は本棚に戻れたよ」

そう言って、本にお辞儀をさせます。それから、本を棚に戻して、何事もなかったように「はい、きょうの授業は……」と言って普段どおりに授業を始めます。

静まりかえる教室。本を拾わなかった子どもたちは皆、下を向いて反省していました。

子どもの観察も使い方次第で、上手な叱り方にすることもできます。タイミングさえ間違えなければ、直接的に叱るよりもずっと効果的です。

子どもと目を合わせて理解度を測る

朝の時間で数人の子どもたちを楽しませることができれば、小グループでの授業も盛りあげられます。

もっと言えば、三十人のクラスでもそれなりの授業はできます。

振り返ってみると、三十人のクラスでも発表しているのは、盛りあがっていても実際には十二、三人だったりすることが多いのですから。

本当は全員に発表させたいと思うのでしょうが、発表している子が**クラスのいろいろな子の考えを代弁してくれていると考えれば、実際には十二、三人よりももっと多くの参加と同じ効果がつくれるときがある**のです。逆に、一人が一回だけしか発表しない授業よりはよいかもしれません。

大切なのは、クラスの子のいろいろなタイプの代弁者を発表させているかどうかです。

私の場合は、授業の最初では、**まずクラスのなかで不安そうな顔の子に声をかけます**。算数が苦手な子たちはスタートでかかわっていないと、すぐにスイッチを切ってしまって授業に参加してくれなくなってしまいます。なので、最初に声をかけて、そのあとも少なくとも二回は接します。

ただし、接し方は様々。単純に指名したり、声をかけるときもあれば、**目を合わせるだけのときもあります**。

「いま、このことをノートに書いている?」と言って目を合わせてみる。目を伏せれば、まだ書いていないわけですから、少し時間を取ってあげられます。

このとき全員に「ノートに書く時間が欲しい?」と尋ねたら、実はほかにもいたりします。そうすれば、「じゃあ、誰かさんのために、もう一回ノートに書く時間を取るよ」と合わせてあげる。

途中で置いていってしまわないように、何度も戻りながら進めます。それが結果的にほかの子にとってもちょうどよかったりするのです。

また、前述しましたが、一時間の授業のなかで全員に発表させることは、なかなかできません。仮に一回発表したとしても四十五分における参加頻度としては、あまり大したことではありません。

発言はしていなくても、きちんと聞き、反応していれば、頭は動きつづけているので効果は大きいと思うのです。

そこで私はときどき「確認班」というのをやっています。これは**私の声がけに対して集中してリアクションしてもらう班**です。

たとえば、きょうは1班の四人と決めておいて、誰かが発表したあと、その1班の子どもたちに必ず「へえ、おもしろいな。ねえ、おもしろいと思わない？」と聞くわけです。反応が薄ければ、「いま、聞いてなかったでしょ」と突っ込んだりします。

私のつぶやきのような声がけに、必ず反応させてみて参加しているかどうかを集中して確認する班です。

よくラジオ番組などで、メインパーソナリティの隣で「え！　そうなんですか」と合いの手を入れるアシスタントの人がいますが、そんな感じです。

「うん、おもしろいと思う」「そうかな」など、リアクションを返すだけでも、その子たちは私との会話に参加せざるを得なくなります。集中して考えつづけさせるためのちょっとした会話のテクニックですね。

これを毎時間、声がけする班を変えながらやっていると、皆の聞き取り能力が上がってきます。**下手なリアクションはできないので、発表者の言葉にちゃんと耳を傾けるようになるの**です。

形式的にリアクションすると、すぐに私から「じゃあ、言ってみて」と突っ込まれるから、その班の子は大変です（笑）

こんな小さなことも子どもたちを飽きさせないテクニックとなります。

先生のつぶやきへの反応を見る

タイムスリップでわからない子をなくす

授業についてこられなくなった子がいた場合、私がよくやるのは〝タイムスリップ〟です。これは、**子どもたちが躓いたところを見つけるために授業を巻き戻す**というもの。

「○○ちゃんが言ったことわかる？　ん、わからない？　そうか。じゃあ、もう一回ストーリーを巻き戻そう。その前の前の段階までタイムスリップするよ」

そう言って、授業を戻して再生していきます。

「はい、ここから行くよ。このとき、■■君がこういうことを言った、それはいい？」

「いい。ＯＫ。じゃあ、次に△△ちゃんがこう言った。これは？　ダメ？　なるほど、ここからか」

話を巻き戻して、もう一度順を追って進めていくと、子どもたちのなかで映像がよみがえってきます。また、教師にとっても、**授業を一度整理できるという利点**があります。

このタイムスリップを、一時間のなかで何回かやったほうがいいでしょう。少なくとも、授業前半は意識して丁寧にやってあげるといいかもしれません。

とはいえ、あまりやりすぎると子どもも疲れてしまいます（そして、先生も（笑））。また、集団の戸惑いにつきあうのはいいのですが、個人の特殊事情にあまりつきあいすぎると結果的に全体が翻弄されてしまうことになりますから、バランスのとり方には注意が必要です。

三十人のクラスで三人の子どもを大事にしたけれど、ほかの二十七人は大事にしていないということにならないようにしないと、それこそ五人の雑談で一人の子の話をずっと聞いていることと同じになってしまいます。

そういう意味では、朝の雑談は先生にいろいろな技術を身につけさせてくれます。「やばい、いま一人にしかつきあっていない。残りの子どもたちも巻き込まないと」。そうやって周囲に気を配っていくと、授業でもそれが活きています。

意識するのは、あくまで全員を参加させることなのです。

日本の一部の小学校では、高学年になると習熟度別授業が導入されています。これは学力の段階に分けて、クラスも分けるというもの。学力に差があると、どちらかの対応に追われて、皆まで面倒を見られないからというのがもともとの発想です。

しかし、実際に導入してみると、今度は**分けたクラスのなかでも学力差が生まれ、同じようなことが起こりはじめました**。少人数にしても学力の差が開いて、対応に追われて四苦八苦する。最終的には、子どもの数だけ教師が必要になる……なんて笑い話になるくらい、深刻でした。

ちなみに、もし子ども一人に教師一人が実現したとしても、それは学びの環境としてはよいとは言えません。その理由は既に実証済みです。子どもは帰宅すると、親と一緒、その環境はマンツーマンで勉強しているのと同じ。でも、急激に学力が伸びたというデータは報告されていません。

少人数で授業をしたら学力が上がるというのも、あまり確かとは言えません。そのことについても、もしもそれが本当なら過疎地の小学校がすべて学力上位になっているはずですからね。私は山口県の教員時代に全校児童が五十人ぐらいの小学校にいましたから、そのあたりのことはよく知っています。

大切なのは人数ではなく、**いかにして人と人がリンクしあって助けあったり、高めあったりしていけるか**。それをファシリテーションできるかが、教師の大きな役割になるのです。

わからなくなったところまで授業を巻き戻すタイムスリップ

小さな言葉なら子どもは話す

おかげさまで私は全国各地の小学校に講師として招いていただき、その地域の子どもたちと授業をする機会がたくさんあります（いわゆる飛び込み授業です）。

たまに、招いていただいた学校の先生から授業前に、「うちの学校の子どもたちはあまりしゃべらなくて……」と言われたりします。でも、そう言われると、つい燃えてしまう私（笑）

授業をすると、子どもたちはたくさん発言してくれました。それこそ、いままで全く手を挙げなかった子が「はい！　はい！」と必死に挙手していたそうです。

その姿を見た先生方は驚いて、授業後、私のところにやってきました。

「先生、どうしてそんなにしゃべるようになったのでしょうか？」

私は次のように答えました。

「私が完成した発表を求めているわけではないからです。子どもの話す内容をよく聞いてみてください」

実は、「どうして、こんなふうになるの？」とか「8だったら、できないよ！」といったことを私がクローズアップしているだけなのです。彼らがつぶやいたこうした**「小さな言葉」でいいのだとしたら子どもも話しやすい**のです。

一人の子が長々と発表することもありますが、それだとほかの子たちがしゃべる時間もなくなってしまいます。

子どもと子どもの中継地点となって、彼らの短い発言をつないでいくわけです。

私が子どもにたくさんしゃべらせたいと思ったのには、きっかけがあります。

それはいまから二十八年前。私が筑波小に赴任したばかりの頃です。

それまで私は、山口県の公立小学校で教鞭を執っていて、それなりに充実した日々を過ごしていました。授業の腕を磨き、子どもたちとともに学び、そしてそれなりに自信をもって筑波小に来たわけです。

さて、筑波小は教科担任制なので、担任以外のクラスも受けもちます。算数を担当している私はある日、別の教科の先生に雑談がてら「5年2組は、あまり発言しない静かなクラスですよね」と言いました。すると、その先生から「ああ、君の授業のときはね」と切り返されたのです。

え？　どういう意味だろうと思った私は、その先生の授業をそっとのぞきにいきました。すると、どうでしょう。静かだと思っていた子たちが、めいっぱい手を挙げていきいきと話しているではありませんか。

「……いやいや、この日はたまたまおもしろい授業をしているからにちがいない」

現実を見せつけられても、どうしても自分のせいにしたくない私がいました。

でも、何度も先輩の授業を見て自分と見比べているうちに、「**そうか、要は目の前のこの子どもたちの姿をつくっているのは自分なんだ**」と観念したわけです。一年目に思いしらされたわけです。

「ああ、静かなのね。うん、君の授業のときはね」

私にそう言ってにこにこ笑っていたのは、社会科で有名だった有田和正先生です。

もうお亡くなりになりましたが、有田先生が開口一番に言ったその言葉は、いまでも私の胸に残っています。

ですから、私はいまでも自分の学校はもちろん、ほかの学校の飛び込み授業でも出会った子どもたちが輝けるにはどうすればいいのかをずっと考えています。

もっというと、**普段しゃべらないといわれている子に焦点を当てています**。

ある学校で飛び込み授業をしたとき、いつものように静かだといわれている子を指名しました。普通だったら何も言わないその子が、私のときはなぜかしゃべってくれました。

授業後、ほかの子に言われて知ったのですが、いつもであれば先生はみんな優しいからちょっと黙っていたら「また、あとでね」と次の子に行ってくれます。

でも、私のときはずっと待っているので、「そうか。この先生は私のことを知らないな。私、あんまりしゃべれないのに。じゃあ、しょうがない。きょうはしゃべるか」と思ったそうです。

子どもがしゃべらない環境をつくっているのは、実は教師なのかもしれません。

ゲームからでも子どもの言葉をつなげると授業になる

「グループをつくるよ！」

私がそう言うと、みんな私のほうをじっと見ます。

おもむろに私は手を叩きます。1、2、3。三回。子どもたちは、「三人組だ」と言って、グループになっていきます。

先生が手を叩いた数だけ集まるゲーム。**二回だったら二人組、五回だったら五人組になるという簡単なルールなので、誰にでもできます。**

ある日、三年生のクラスでグループ分けゲームをしたときのこと。いつものように手を三回叩きました。

すると、ある子が「先生、3じゃダメだよ」と言います。

「どうして？」

「うちのクラスは、三十一人だから」

ほかの子も言います。「31だと3では割れない」

私はうなずいて、「そうか。2だったらいけるか？」と尋ねます。

「2も無理」「じゃあ、4は？」「4も無理！」

「う～ん、君たちのクラスではグループをつくれないのかな」

これだけでも遊びながらの算数授業となります。

「本当につくれないのかな？」「人を増やせばつくれるんじゃないの」などと、子どもたちのつぶやきが飛び交います。

最終的に「三十一人のグループならできます！」というオチがつきましたが（笑）

さて、三十一人以外が無理だとわかったので、今度は「三人以内ならどう？」と尋ねてみました。

子どもが「だからあ、三人はだめだと言ったでしょ」とふくれる。でも、隣の子が「三人以内だから、二人や一人でもいいんだよ。先生、混ぜてもいいの？　それならできる！」

こうして子どもたちからは、たくさんの答えが挙がってきました。

このあとは、少し条件を絞って三人か二人というようにしてみます。子どもたちは「え～」と言いながらもグループづくりに夢中になります。

こうすると、いわゆる鶴亀算と同じような思考で解決する問題になって結構おもしろいのです。もちろん、最初のルールでやりつづければ、あまりのあるわり算にも使えます。

あまりのあるわり算といえば、以前、とても楽しい授業ができました。

「四十八人の子どもがいます。いまからみんなで徒競走をします。コースは五つです」

私がそう言うと、ある子が挙手します。

「先生、5×9＝45だから、最後の子たちは三人になります。かわいそうです」

「そうか。三人はかわいそうか」

違う子が言います。「いや、それは逆に得かもしれない。1位になる可能性が上がるから。悪くても3位だし」と笑う。

「なるほど。そう考えると、それはちょっとずるいかな」

「先生、最終列の一つ前の子が後ろに一つずれたらいいじゃん。そうすれば、四人と四人になって寂しくないいんじゃない？」

「そうか。じゃあ、君たちは四人のところと、五人のところ、どっちで走りたい？」

私が問うと、「四人がいい！」「三人のときは寂しかったけど、四人ならちょうどいい」などと、四人がいいという意見が大勢を占めました。そこで、「だったら、もうちょっと四人のところを増やそう」と言って、五人グループから一人ずつ取ってきて、四人グループを増やしていきます。

「先生、これってうまくいくと全部四人になりそうです」

48ですから、当然4で割れます。しかし、三年生はまだそこまではできません。5×9＝45からスタートして、ここまで来ました。

「先生、綺麗に4で割れました」となって、みんな喜んでいます。

「ところで君たち、最初三人を嫌がっていたけど、1等になれる可能性は高いって言ってたよね。三人だったらどうなるんだろうね」

もちろん、48は3でも割れます。そのことがわかると子どもたちは「この数おもしろい！」と言い出します。「48って、こんなにいろいろな数で割れるんだ」って。

徒競走のストーリーを発展させながら、わり算の勉強をする。**子どもたちの言葉をつないでいけば、子どもが次から次へと課題を生みだしていく**楽しい授業が創れます。

聞き手参加型の発表力をつけさせる

私は最近、子どもにも対応力を育てたいなと思って、聞き手参加型の発表を促していま す。どういうことかというと、**発表する子がすべてを話してしまうのではなくて、聞き手の友達にときどき参加させながら話す**のです。

「ここの角度を求めるんだけど、ここと同じところがほかにもあるでしょ。見つけられた人いる？」というようにです。

要するに、発表する子が聞き手にも考えさせながら話すわけです。

それまでいろいろなところで授業を観ていて、いつも子どもが黒板のほうを向いて話していたり、先生のほうを向いて話していたりして気になっていました。子どもたちが、自分が話すことが相手に伝わったかどうかを意識していないなと感じることが多かったのです。そこで考えたのが、聞き手参加型の発表。でも、ふと考えてみると、これって私が授業中にしていることと同じなんですね。つまり、普段の授業で**教師と子どもが行っている対話がそのまま、子どもの発表のときの見本になっている**と考えればいいわけです。

そう考えると、教師と子どもが対話しているときの、咄嗟の対応力がそのまま子どもの対応力につながっているわけですから、責任重大かもしれませんね。

最初は、いくら教師が見本を見せても、そんなにすぐに上手に参加型の発表ができるようになるわけではありません。一番大切なポイントを本人が言ってしまって、どうでもいい枝葉末節なことを尋ねてしまったりなど……。もちろん、教育実習生だってそんなにすぐにできるようになるわけではないから、難しいのは当たり前なのですが、私は授業中に、「それなら、いまはここを尋ねてごらん」というように、彼らの発表に介入しながら教えていくことにしています。

大切なことは、**自分が見つけておもしろかったことを、友達にも体験させてあげようという気持ち**。その心が育てば、本当は教師も教え込みはしなくなると思うのですけどね。

友達のわかり方を考えてあげたり、ときどきヒントをあげて発見を促したりというような交流や教えあいができるようになると、いま流行のペアトークも実は有効になると思います。逆にそうした力をつけないで、ただ隣同士で話をさせたのでは、教師に教え込まれる代わりに友達に教え込まれるだけになるのですから、聞き手にとってはあまり環境は変わらないことになってしまうのです。

海外でも教えあいのよさは注目されていますが、本当に「教え」「あう」ことになっているかどうかは怪しいものです。

ちなみに、ペアトークなる活動は、私はもう二十年以上前から取り入れていましたし、当時から子どもたちに隣同士で発表をしあうときには、どんな場面で行うことが大切かきちんと意識して使い分けていました。

私が当時取り入れていたのは、**友達の話した意見の確認だったり、この場面でもしも自分が指名されたらどうするかという発表の練習場面だったりする**というように意識していました。意見があまりにも拡散してしまうような場面で使ってしまうと、教師のほうで収拾がつかなくなり、それこそ話しっぱなしの無責任活動になりかねないからです。

子どもが話さなくなったときに、苦し紛れのペアトークになってしまっているのをよく見ますが、乱発すればいいというものではありません。子どもたちに発言のし甲斐がある場を体験させてあげないと、友達の前で表現することを楽しいと感じてくれる子が育たないでしょう。

ペア学習
（ピアラーニング）
4人で発表の練習
ふん ふん
ここは こうだから…
なるほど

子どもが授業
いい？ だから ここは…
うーん
わかった！

授業の新しい守破離をつくる

どんなことでもいきなりやると、大体が失敗します。だからこそ練習します。体験をして、失敗をして、それを繰り返してうまくなっていきます。

このときに一つの指針になり得るのが「型」です。

守破離《しゅはり》という言葉があります。ある道を究めるために、通らなければならない方法論のようなものです。日本の武道などでは、まずは決められた型を一心不乱に練習します。空手であれば正拳突き、剣道であれば素振りといったように、何度も同じ型を繰り返し、身体に覚え込ませます（ちなみに私は空手の有段者です）。

そうして自分のものになったところで、今度はその型を破り、最終的にはその型から離れて自分の型を創りだします。これが達人への道となります。

さて、この守破離を授業に置き換えると、どうなるでしょうか。多分、多くの方が問題

解決型の授業を思い浮かべるのではないでしょうか。

問題解決型の授業とは、「問題提示→自力解決→協働思考→まとめ」と、授業を四段階に分けて行う授業手法のこと。いわゆる「型」です。

この型に合わせることで、どんな先生でもそれなりの授業ができると言われています。しかし、本当にそうでしょうか。問題解決型授業は、果たして先生にとっての守となっているのでしょうか。

私は違うと思っています。

なぜなら、これまで述べてきたほかの世界の型というのは、もともとは実践者が経験のなかからつくりだしてきたものがほとんどだからです。空手でも剣道でも、達人と呼ばれる実践者が弟子に伝える上で編みだしたのが型です。実践から生みだされたのが、型なのです。

翻って、授業はどうでしょうか。問題解決型授業は、実践者が編みだしたものでしょうか。違います。問題解決型は、こうすれば授業がうまくできるはずだと、理論から考えたものです。

ですから、うまくいくかどうかは、実践者による検証が必要です。その意味では、まだ守になりきれていません。

逆に、問題解決型授業に固執することで、**授業がうまくいかなかったり、学級が荒れたりしたという報告はたくさんある**くらいです。これを「守」だと言っている人には、その根拠を示してもらいたいくらいです。

このあたりでそろそろ本当の「守」を、つくってみたらいいのかもしれません。実践者による実践者のための「守」と言える型。

しかし、それを推進していくにも、基本的な姿勢として、子どもと本当の意味での対話する力をもった教師を育てることが、これから必要になることは間違いありません。瞬発力のある対応の力は、その中心となる大切な力なのです。

式がちょっと…

トーク力の極め方

―五人の芸人さんと対談してわかったこと―

さて、次章からは、新宿教育セミナー@Ｋｉｎｏｋｕｎｉｙａ「先生のための夏休み充電スペシャル」で行ってきた芸人さんたちとの対談の様子を紹介したいと思います。

補足させていただきますと、このセミナーは、もともと先生方のトーク力を伸ばす一つのきっかけになるかもしれない、ということで始めました。

芸人さんは、目の前のお客を笑わせるのが仕事です。大勢の人を相手にその瞬間瞬間を勝負しています。

これは先生も同じなのではないでしょうか。

大勢の子どもたちの前で話すには、相当なトーク力が必要です。ですから、芸人さんのお話から、そのヒントを得られればというのが本セミナーの初期の趣旨です。

今回、掲載させていただいたのは、ぐっさんこと山口智充さん、ガレッジセールのゴリさん、ココリコの田中直樹さん、博多華丸・大吉の華丸さん、そして中川家の礼二さんです。

実際に皆さんとお話しして思ったことは、当たり前ですがとにかく話がおもしろい（笑）。会場に来ているのは、ほとんどが学校の先生なのですが、そのことを知ると、うまく先生方を乗せながら笑いへと誘ってくれます。

私が特に感心したのは、次の点です。

- **つかみがうまい**
- **子ども時代のおもしろエピソードがある**
- **観察眼がすごい**
- **すべらない話（一発ギャグやモノマネも）がある**
- **用意したストーリーから外れる緊張を楽しむことができる**
- **ポジティブでサービス精神が旺盛**
- **好きなことを仕事にしている**

皆さん、ご自身の個性を理解して、それをうまく演出されています。また、さすがにそれぞれにすべらない話をお持ちで、必ず数分に一度は観客を沸かせてくれます。

そして、最後の「好きなことを仕事にしている」ことは、彼らと話していてつくづく感じました。お客さんが笑うと、皆さん本当にうれしそうにされているのです。

私たちも子どもの笑顔に触れるときに、「子どもとともにいる仕事が大好き」「子どもが笑顔でいてくれるとうれしい」と置き換えると、彼らと同じ世界にいると思うのです。

では、お待たせしました。

前口上はこのあたりにして、トークの達人たちが繰りひろげる笑劇の世界に入っていきましょう！

明日の自分のクラスで、自分の子どもたちと対話するときの瞬発力・対応力を磨くために、ともに学ぶ機会となれば幸いです。

2章

子どもと大人の境界線は「できるときはできる!」

山口智充さん（ぐっさん）との対談

山口智充（やまぐち・ともみつ）

愛称 ぐっさん
バラエティー番組、ドラマ、映画、ラジオ、ナレーション、アニメのアフレコ等幅広く活躍中。出身地、大阪府四條畷市の小学校の校歌を作詞、作曲している。笑いと音楽を遊合したハッピーオンステージも各地で展開中！

いつもポジティブで子ども目線だから、ずっと楽しい！

先頭バッターは、テレビやCMでもおなじみ、ぐっさんこと、山口智充さんです。私が言うのもおこがましいですが、ぐっさんは老若男女に愛される希有《けう》なキャラクターだと思っています。いつも明るく、ポジティブで楽しい――そんなイメージが浸透しています。実際にお会いすると、イメージどおり楽しくて素敵な方でした。

子どもの目線を大切にされている方で、話していても時折大人なのか、子どもなのかわからなくなるくらい（笑）。でも、そこがぐっさんが、みんなから愛される所以なのかもしれません。モノマネから授業をおもしろくするネタまで、盛り沢山すぎる内容で、私も会場もずっと笑っていました。

では、トークの一部を振り返ってみましょうか。対談では、最初にぐっさんの小学校時代のエピソードから伺いました。

小学校から愛されキャラ

田中 小学校時代に覚えてらっしゃるエピソードで、「これはまずかったなあ」という話はありますか。

山口 とにかく遊んでいた子だったんですよ。いま夏休みですが、夏休みだったら近所のなかでは家を一番最初に出て、一番最後に家に帰ってくるような子だったので。当時はどこの親もそんなに干渉もしていなかったですしね。皆さんもそうだったと思いますが、勝手に出ていって勝手に帰ってくるような子どもたちばかりでしたから。

田中 あまり叱られることもなく。

山口 よそのおばさんとかに叱られてましたね。たとえばガラスを割ったりして。どうしても野球をやっていたら、その近所で必ずガラスが割れる家があるのですが（笑）。仕方ないですね。そこが遊び場なので。一回割ったらやっぱり怒られますよね。親もみんな謝りにいくのですが、またそこで遊ぶので、また割りますよね。す

るとどんどんそこの家のガラスは弱いガラスになっていくというか、いつ割れてもいいような感じになっていく（笑）

田中　なるほど（笑）

山口　あとは魚釣りも流行っていたのですが、申し訳ないことをしたなというのが一つあります。ブラックバスという獰猛な魚を、ぼくが小学校四年生くらいのときに二、三匹釣って帰ってきたんです。ミミズとかをポンとあげるとグワッと食べるのが楽しいから、家でずっと飼っていました。

でも、子どもって飽きてきますから、放ったらかしになっていたんです。そうしたら親に「お魚どうするの？　飼わないのだったら逃がしてきなさい！」と言われたから「逃がしにいこう」と思って、ブラックバスをバケツに入れて釣った池に逃がしにいっていたんですね。そうしたら家の近所、といってもそんなに知らないおじさんが家の前でゴルフの素振りの練習をしていて。

「どないしたんや、ぼく。それなんや？」「ブラックバス」「どうすんねん？」「池に逃がしにいくねん」「見せて見せて。ええ魚やないか！　逃がすのもったいないわ」と言って。その人はブラックバスを知らなかったのでしょうね。

「うちの玄関の水槽に入れてくれへんか」て言ったんですよ。ぼくも逃がしにいく手間が省けますから「ほんま？　いいの？」と言ってそのままダバダバダバって入れたら、きれーいな魚がいっぱい泳いでいたんですけど、全部食べましたね。

田中　それは、かわいそうに（笑）

山口　ぼくはその間もうバケツを持って、シレーッと走って逃げてるんですけど。

田中　その後は大丈夫だったんですか？

山口　そこの家の前、通りませんでしたから（笑）。そんなしょうもないいたずらをチョロチョロしているような子でしたね。

田中　でも、愛されるお子さんだったんでしょうね。

山口　愛されてました。自分で言うのもなんですけど（笑）

田中　何かエピソードとかありますか？

山口　職員室は嫌いだったのですが、職員室の皆さんはぼくのことを愛してくれていましたね。小学校のとき「山口さんちのツトム君」という歌が流行っていまして、山口という名前の人はみんな「ツトム君」と呼ばれていた時代があったんです。先生も「山口ツトム来た」みたいな感じで。それから中学校、高校になると職員室で先生が「○○先生のモノマネをしてくれ」と言うんです。

田中 先生が？（笑）。その頃からもうモノマネをしてらっしゃった？

山口 中学校一年からやってました。小学校のときはまだ声ができあがっていませんが、中学校からだんだん声が似てくるんですよね。先生のモノマネをどんどんマスターしていって、何かあったら自分が前に行ってモノマネをやったりするという、そんな子どもでしたね。

田中 だいたいモノマネをするのは、どういう教科の先生が多いですか？

山口 教科というよりもキャラクターなのですが、先生という方は本当に個性豊かな方が多くてですね。特にぼくらの時代なのかわからないのですが、やたら「……ね」の「ね」が多い先生とか。これは国語の先生です。「これがね。ね」と、授業の内容のワードは覚えていないので全然出てこないのですが、そのクセとか。あとはやたら鼻をズルッとやる先生とか（笑）

田中 なるほど（笑）

山口 それをどんどんまねしていくんですよ。だからものすごく授業態度はいい子どもだったんです。

田中　よく見てますものね。

山口　はい。「めちゃめちゃ聞いとんな、あいつは」と（笑）。ぼくは先生の特徴をずーっと見ていて、それを発表会や文化祭でする。先生が呼ぶんですよね。「山口、何かやってくれ」とか。あとは身体測定のときに前のクラスが「次、お願いします」と呼びにくる間の待ち時間とか。「暇やな。山口、前出て何かやってくれ」みたいな感じで。それでモノマネショーという。

田中　便利な子どもだったんですね。

山口　そうですね。

田中　クラスに一人欲しいタイプですね。

山口　当時ぼくらが中学のときはちょうど八

十年代で荒れていた時代でした。うちの中学も相当荒れていてよく授業が中止になって自習の時間になったんです。そのときにぼくがショータイムをして盛りあげていたんです。何年か経ち、そのときの担任の先生にお会いしたときにおっしゃってくれました。「山口君が学校を明るくしてくれた」と。

いかがでしょうか。ぐっさんが、憎めないというか、愛されていたのがよくわかるエピソードです。子ども時代の話ですが、おもしろいですね。会場も爆笑の連続。先生方の反応もとてもいいので、ぐっさんも笑わせるポイントを見つけたというか、どんどんおもしろエピソードを話されていました。

続いては、学校の先生のこと。ぐっさんは、授業とお笑いライブは同じだとおっしゃっていて、授業をもっとおもしろくするための方法（ネタ？）をたくさん提案してくれました。

明日から使える？ 授業のおもしろネタ

山口 いま、こういう仕事になってからしみじみ思うのですが、子どもの学校とかに行かせていただいて先生がやっていらっしゃる授業を後ろから見させていただいていると、一つのショータイムですね。四十五分、五十分のショータイムだと思っています。いかに先生が四十人ないし五十人の子どもたちを惹きつけるか。入ってくるときから出囃子《でばやし》があってもいいと思います（笑）

田中 小学校の先生の皆さん、ここは大事ですね。

山口 デデデデ。「先生来るぞ！」みたいな（笑）。先生ごとの出囃子があってもいいと思うんですよね。

田中 なるほど。それはいただきですね。

山口 チャイムよりも、生徒が「お、来るぞ」みたいな。「あれ先生、出囃子変えた？」みたいな感じの。

田中 全国にそれが広まったらすごい話ですね。

山口　たとえば、ぼくがいま先生という仕事をやらせていただくとして「この一時間、ぐっさんお願いしますよ」となったとき、やはり出から考えますね。いかに出が大事か。ましてや出てくるところというのは決まっているので、あんなにいいフリはないんですよね。生徒たちは絶対そこから出てくると思っていますから。

　急に先生が窓からよじ登って出てきたり（笑）、何かに扮装して絵になっていてずーっと見ているとか、いろいろなパターンがある。

田中　毎時間むちゃくちゃ疲れますね。

山口　そうです。おそらく最後はパターンがなくなってくると思うんですけど。でも「真剣になってこの先生は考えてるんだな」という姿勢が、子どもたちに伝わると思うんですよね。「一瞬でも時間を無駄にしたくないんだな、この先生は」という（笑）。本当に気になる人というのは、どこにいても気になるんですよね。ぼくは常に子どもの気持ちがあって、その立場で考えると「なんかこの先生、気になるな」という人は、やはり気になります。

　先生が子どもたちに対して「おい見てくれよ、聞いてくれよ」という姿勢だと、絶対伝わると思います。でも「この時間、とりあえず自分のプログラムを消化しよう。キンコンカンコン鳴ったら終わり」というような先生は、生徒たちもそれに気付くと思うんですよね。ショータイムなので、どこまで最後まで惹きつけるかというのは、先生の腕の見せどころであって、ショーマンとしての魅力はすごく感じますね。

ぐっさんは生粋のショーマンですね。常に人を楽しませることを考えているように見えます。だから、アイデアがどんどん出てくるのでしょう。

ここからは、ぐっさんがテレビ番組で子どもたちと授業をした話に入ります。小学校六年生を相手にぐっさんは、「笑い」をテーマに、普通のことがどうすればおもしろくなるのかを取りあげたと話していました。

お客さんと一緒に楽しみたい！

山口　たとえばコップ。「こういうのがコップ。これはコップです」と言ったらコップじゃないですか。

田中　はい、はい。

山口　でも、口にもってきたら犬とか。ね、何かに変わる。

田中　なるほど。

山口　一個のものをコップとして見るのではなくて別のものとして見ると、このコップというものの世界観が広がるんですよね。そういう「物遊び」というのを子どもたちとやりました。何か一発ギャグじゃないですけど「掃除機を使って何か別のものができる？」と言うと、カーリングをやったりして、子どもたちはそれでいろいろ遊ぶんですよ。

　ぼくらが子どものときは、一つのおもちゃでどれだけ遊べるかということをやっていました。一個のボールでドッジボールだけではなく、サッカーをやってバレーボールをやって。すべて一個のボールで遊んでいましたから。「それでどれだけのスポーツができる？」とか、「一つの棒で何ができる？」とか。

田中　昔の子どもがやんちゃだったのを取り戻すという感じですね。

山口　そうですね。「一つのものにいろんな世界観、いろんな幅があるんだよ。それをまだまだぐっさんも探してるんだよ」というのを知っていただきたい。たとえば生きていくなかで人と出会って、パッと見た目は怖いけど、この人の向こうにはもっとすごい世界観があるのかなとか。一つのできごとをそれだけで収まらせたくない。そういうことをすると、どんどん楽しくなってくるんじゃないかなと。「一日、当たり前やけど、しょうもない、なんにもおもろいことないなと思ったけど、意外とそうやって目線を変えてみると、おもしろいことだらけだな」ということに気付いてほしい。

田中 ぐっさんのすごいところは、その目線ですね。目線を変えると楽しくできること。もっと言えば、相手に合わせて目線を変えられるところだと思います。

営業などで出かけられて、お客さんを見ながら話題を変えていかれると思うのですが、そのあたりはどのようなことに気をつけながら人と対話されているのでしょうか。

山口 ぼくの場合は、やはりお客さんが気になるんですね。音楽ライブなどもやらせてもらっていますが、お客様のところの電気を暗くしないんですね。一番後ろの方の顔も見えていますが、こういう状態で歌を歌います。普段、音楽ライブをやっている照明さんは絶対ここを落としてここを映えさせるようにやるのですが、ぼくは「一番後ろのお客さんの反応も見たいので、とにかく全部明るくしてください」と。
　やはり皆さんのリアクションを感じたいですね。だから自分の予定していた段取りのままいくライブというのが一番おもしろくない。今回も台本はありませんし、そのときそのときの楽しさで、出てる側見てる側ではなく、一緒に一つの空間を楽しんでいるという感覚ですかね。
　とりあえず自分の時間を消化したら「そろそろ時間ですね。ありがとうございました」ではなくて、いかにその空間を一緒に楽しめるかということを考えています。だから乗っていなかったら「どうやったら乗るんだろうな？」とそのときにいろいろ考えたりしますね。

田中　お客さんの対応で、「ちょっときょうは、やりづらいな」と思うときなどはないですか？

山口　あります。でも、それはだんだんこちらが言っていくと、お客さんも「うん、そうだな」というふうにわかっていただけるといいますか。

田中　きょうのお客さんはどうですか？

山口　最高ですね（笑）。ぼくのライブにそのまま連れていきたいぐらいです。

皆さんもぼくもそうですが、きょうこの時間を、ここに選んだわけですよね。「山口智充コンサート」となったときに、その大事な日にちと大事な時間を、お金を払って集まってくれる。そういうときに「せっかく来たんだったら、一緒に楽しみましょうか」という感覚ですかね。そうなるとだんだんみんなも乗ってくるし、そういうメニューにわざとするんですけど。

子どもたちも一緒なのかなと思います。「教えてあげるぞ。覚えろよ」ではなくて「一緒に何かやっていこうよ。一緒に何か楽しまへん？ 一緒に何か学んでいかへん？」となると、つ

いてくるんじゃないかな。ぼくが生徒だったらそういうふうに思いますね。

おもしろい話といい話の使い分けがとてもうまいので、ずっと聞いていられます。お客さんも笑っていたかと思うと、うんうんとうなずいて会場が一体になっていくのを感じました。このあたりは、ぐっさんがお客さんを見ていたからだと思います。

乗ってきたぐっさんは、ご自身の子育てエピソードについてもおもしろおかしく紹介してくれました。

子どもの発想力の育て方

山口　先生方の前で言うのもおこがましい話ですが、よく幼稚園や低学年の子に、保護者が読み聞かせをやりますよね。

ぼくがやったのは、『ももたろう』です。ただ、話だけだと普通なので、そのなかのキャラクター全員の声を変える。そうすると臨場感が出ます。ところがこれでもだんだん自分で物足りなくなってきて、話を勝手につくりだしたんですよ（笑）

田中 それは『ももたろう』ではなくなりませんか？

山口 これがね、おもしろいんですよ。基本的に誰もが知っている物語というのは、みんな頭にあります。そこで「ちょっとこれ、家にあった本なんだけど」とパッと見せて、表紙には自分で『ちょっとおかしなももたろう』と書いているんです。「ちょっといまから読むから、みんなおかしいなと思ったら手を挙げて教えてね。どこがおかしいかわからないから」というボケにまわるんですよね。「あるところに、おじいさんとおじいさんがいました」「違う違う！ おじいさんとおばあさーん」というふうにみんな突っ込むんですよね。めちゃめちゃベタですけどね。

田中 山口家はそうやってボケとツッコミの感覚を伝授しているんですね。

山口 そうです。「川の上からどんぶらこ、大きなうんこが」「うんこじゃない！」とか（笑）。子どもたちが大好きなワードを入れていくわけですよ。そうすると子どもたちが参加するというか、「これはもう聞いている場合でない。この人に正しいことを教えてあげないと」となる。ボケとツッコミというバランスというものは非常にうまくできていまして、先生もボケていいと思うんですよね。すると生徒が気になってくるというか。「それ違うよ、先生」みたいな感じです。

ボケのレベルにもよりますが、子どもたちも相当レベルが上がっていますから。でも、ぼくはハッピーな授業というのは好きですけどね。そうやって参加できる方法というものを、自分がやるときは考えました。そうしたら一つになれているというか。そんなに手を挙げなかった子もいつしか参加するようになってきて。

田中 いまのお話は、そのまま小学校の教室に来ていただいて授業してもらったらうまいだろうなと思いながら、私も聞いてました。

山口 ぼくが生徒だったとしたら考える幅ですね。「答えはどうせこれになる」という一つの答えを求めるのではなくて、たとえば「どんぶらこ、どんぶらこと川の上から何が流れてきたらおもしろい?」という、考える幅をもたせると、子どもたちからいろいろな答えが出てきます。

田中 なるほど。国語の先生は、いますごく深くメモしていると思いますよ。何が流れてきたらおもしろいですかね?

山口 芝刈りに行ったおじいちゃんが流れてきたりとかしたら（笑）、おもしろいですよね。「おじいちゃん!」ってやるでしょう。

田中　あははは。あぶない話になってくる。

山口　その物語がどんどん変わっていくのがおもしろいと思います。それは発想力や想像力につながる。漫才ネタやコントをつくるときがそうなのですが、ボケは当たり前のことからちょっとずらす。それはまず当たり前のことを絶対に知っておかないとできないことなんですよね。あまり偉そうに言うことではないと思うのですが、常識があって非常識がある。

　コントのキャラクターでも昔からそうですよね。「おい、なにしとんねん」と、ドリフターズの志村けんさんは絶対最後に余計なことをして怒られる。ちゃんとしたやつがいて、ちゃんとしていないやつがいるというのがボケの基本です。そこで「おいおいおい」と言うことによってその人が活きるというか、その現象がすごく大事だと思います。

　まさに、ぐっさん式授業です。どうでしょう。本当に一度ぐっさんの授業が見てみたいですね。いま、小学校では子どもたちの素直な考えを引き出したり、想像力や発想力を育てるにはどうしたらいいか、と頭を悩ませている先生方もおられるかもしれません。ぐっさんの発想力は、私たちにも大きなヒントを与えてくれたのではないでしょうか。
最後に、ぐっさんに先生方へのメッセージとして、理想の先生と子どもの関係についてお話しいただきました。

尊敬しながら子どもとつきあう!

田中 ぐっさんにとって「こんな先生が学校にいてくれるといいな」ということを語っていただいてトークの締めとしたいのですが。

山口 いろいろな先生がいらっしゃったから、ぼくもモノマネのレパートリーが豊富になったのですが、ぼくたちの仕事に「これだ」という答えがないのと一緒で、先生もいろいろな答えがあっていいと思うんですよね。その人の人生というか、その方の生き様が教壇に出ると思いますので、それは非常に生徒たちも楽しめる。
ただ小学校とかだと先生としても見ていますし、大人としても見ているし、いろいろな見方をしていると思うのですが。やはり、楽しい先生がいいですかね。ざっくりしていますけれども。

田中 いや、それが一番でしょうね。

山口 「どうやったら授業をわかってくれるのか。どうやったら話を聞いてくれるのか」ではなくて「どうやったら生徒が楽しんでくれるかな」ということを考えている先生はすごく素敵な先生だなとぼくは思いますね。そうしたら子どもたちが楽しめる。それを見てたぶん先生も楽しくなってくるだろうし。

何がなんでも全部ボケということではなくて「今度は何を仕掛けようかな。何かみんなで楽しまない？」と。その生徒たちにとってはその学年というのは一回しかないですから、そう思うと「楽しかったな」という先生はぼくたちの記憶にも残っていますかね。

でもビシッと叱ってくれるときは叱っていただいても全然いいですし、ぼくらはそういう先生もすごく覚えています。これはよく言われると思いますけど、本当にその生徒の気持ちになって、生徒のためを思って、思いっきり体当たりしてもらえれば生徒たちも絶対わかってくれると思いますけどね。

田中 「教えよう、教えよう」と頑張るのではなくて、まずは私たちが楽しく生きるということが、一番大事なことなのかなと思いますけどね。

山口　ぼくは自分の子どももそうですけれど、尊敬していますね。近所の子どもたちもそうですけど。よく自分の子どもと一緒に公園で遊んでいるときに、どんどんまわりに子どもが増えてくるんですよ。怪獣ごっこをやるじゃないですか。「ウィーン、ドスッ」とか（笑）

田中　そんな近所のおじさんいませんからね（笑）

山口　自分の子どもが「バン、バン。ズズズーン」とやる。そうしたらぼくが本気で怖い怪獣をやる。すると、まわりの子どもたちが「あいつだけでは手に負えん」と思って、ウチの子に加勢しにくるんですよ。そうしたらどんどん戦う相手が増えてくるんです。それでずっと公園で遊んでいて、だんだん日が暮れてきますよね。五時の鐘がなったら、ほかのお父さんお母さんがどこにいたのか知りませんけども、散々ぼくに任せといて（笑）。バーッと来て「すみません、いっぱい遊んでいただいて。ありがとうございました」と言って子どもを連れて帰るんですよ。

「え、みんなもう帰るの？　もっと怪獣ごっこやろうや」みたいな。そのときに何に気付くかというと、自分が同じ目線になっている。子どもと遊んであげているのではなくて、一緒に遊んでいるんですよね。だからみんな帰ると寂しくなる。

授業も一緒だと思うのですが、ぼくは子どもたちといろいろ接していると、子どもたちを尊敬するんです。尊敬していると興味が湧きますから、子どもたちがグーッと近くなる。大人と子ども、先生と生徒という境目は、つくときは勝手につきますので。

親子もそうですよね。どれだけどうなっても、どこまで行っても結局親子ですよね。家族は家族ですし。だから生徒と先生とも、放っておいても生徒と先生なのですが、逆に先生から「いろいろ教えて」となると、境目がなくなって、生徒たちはだんだん楽しくなってくるのではないかと思いますね。

田中 それは子どもとつきあうときの最高の境地だと思いますね。

トークが終わったあとの心地よい余韻を、その後私は一人で味わっていました。そして、私たち教師の授業観の改革にとっても素敵なアドバイスをもらったような気がしたのです。

ぐっさん、ありがとうございました。

3章

後悔しないように、勇気を出して思ったことをやる

ガレッジセール・ゴリさんとの対談

ゴリ

1972年、沖縄県生まれ。1995年、中学校時代の同級生だった川田広樹とお笑いコンビ・ガレッジセールを結成。俳優としても多数のドラマに出演。2009年には映画『南の島フリムン』で長編映画の監督デビュー。2018年には監督として長編映画2作目となる『洗骨』を制作。マルチに活躍中。中学2年生のときに勉強に目覚め、県内有数の進学校に合格したという過去がある。おもな出演番組に、『秘密のケンミンSHOW』(読売テレビ)『ゴリ夢中』(中京テレビ)『ひるキュン!』(TOKYO MX)ほか多数。

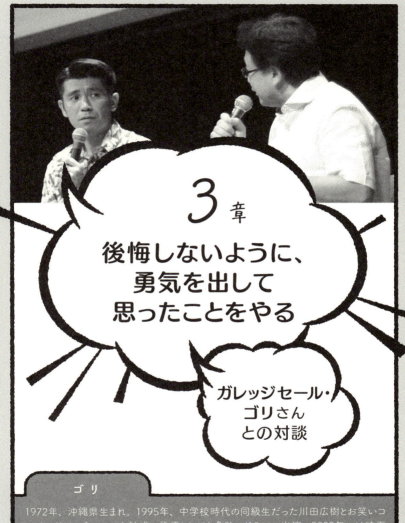

つらいこともプラスに変えてとことん楽しもう！

二人目の芸人さんは、ガレッジセールのゴリさんです。子どもの頃から明るい性格でおもしろいことをするのが好きだったようです。笑いを武器にする強さをこのとき培って、それが芸人になって活きてきたのかもしれません。

話してみるととてもいい方で、先生という職業を本当にリスペクトしてくださっていました。いろいろなことに影響される性格らしく、そのエピソードに会場は大いに盛りあがりました。

一方で、ゴリさんはとても努力家で、中学校から取り組んできた勉強や、番組で挑戦したダンスの話は、子どもたちにも聞かせたいくらい。芸人さんなので、当然といえば当然ですが、コミュニケーション能力が本当に高くてずっと話していられる方でした。

というわけで、まずは子ども時代のお話からです。

自分を見てもらう武器がユーモア

田中 小学生時代とかはどうだったんですか。

ゴリ ぼくは基本的に明るく過ごしてきましたね。一時期、大阪にいたことがあるのですが、急に沖縄の「なんくるないさー」みたいなしゃべり方から「なんでやねん！」、もうその雰囲気にもなじめないし、友達もいないし。でも地元の子たちばっかりだから、みんな入学式に後ろを向いてしゃべって盛りあがって、ぼく一人だけ、うずくまってすごく寂しくて。

その寂しい気持ちを、親もいないから親にも言えないし、おじさん、おばさんと住むのも初めてだから緊張して敬語でしゃべっているし、家も寂しいし、学校も寂しいということで、すごくつらいんですけど、やっぱり友達がほしいじゃないですか、しゃべる人が。自分も注目されたいし。

そのときに急にぼく、掃除の時間に机の上にバッと乗って、まぶたをピッとひっくり返して、おもしろい顔に変えて歌を歌ったんです。松田聖子さんの「青い珊瑚

礁」だったと思う。それを急に「あ〜、私の恋は〜」みたいな感じで歌ったら、みんな、固まったんです（笑）

田中 私たちもいま固まっています（笑）

ゴリ 「こいつ、危ない」みたいな。でもそれを続けると、「なんや、コイツ、おもろいな」みたいな。「おまえ、照屋って名字やろ、変わった名字やな。沖縄やろ。おもろいやん、遊ぼうや」って言って、そこから友達が急に増えたんです。

だから、ぼくのなかでは友達をつくる、自分を見てもらう武器がユーモア、お笑いだったんですね。みんなを笑わせたりしたら、ぼくのことを見てくれているんだと思って、そこから何か次におもしろいことをやろうとか、人を笑わせている人がいたら、それを見て、「あ、ネタをパクってやろう」とか（笑）。それでぼくはこういう性格になったのかもしれないです。

田中 いまはそれがお仕事ですものね。小学校のときから、お笑い芸人になりたかったのですか。

ゴリ お笑い芸人になろうなんて、大学まで思わなかったですね。それは普通の自分の性格というか、自分の注目を浴びる一個の武器なだけであって、仕事はまさに先生をやりたいと思った時期なんですよ。ぼく、すぐに影響されるんで。『教師びんびん物語』を見たら、「あー、トシちゃんみたいな先生になりたい」みたいな。もちろん、武田鉄矢さんもそうですよね。

なんでも影響されましたね。『トップガン』を見たら、すぐにトム・クルーズみたいになりたくて。あの短いスポーツ刈りみたいな髪型、「トム・クルーズにしてください」って言って、できあがったら山本譲二さんみたいで。「あれ？」と思って、「山本譲二じゃないか、これ」みたいな（笑）

そういうのでいろいろな映画とかドラマに影響されて、なりたい職業はいっぱいありましたけど、自分が芸人になるとは思わなかったですね。

田中 きっかけになったのは？

ゴリ 俳優になりたかったので、日大の映画学科の俳優コースに行ったんです。そこでみんなの前で「おもしろいから、コントか何か披露してよ」と言われて、初めてネタを書いてコントを披露したら、すごいウケた。

俳優というのはつくられたせりふを覚えて、監督がこっちでこう動いてと指示されていたなかでの自分の表現ですけど、芸人さんって、自分でゼロから物語を生みだして、それを演出して、自分の体を通して伝えたら、「笑い」という報酬を直に受けるじゃないですか。なんて気持ちいいんだということに気付いて、「あ、芸人になろう」と思って、すぐ日大を辞めて吉本に入ったんです。

司会　大学を辞めたのですか。

ゴリ　辞めました。それで、吉本に入ったんです。

田中　なるほど。いろいろなところを経て、お笑いに入ったんですね。私はゴリさんと会うことになって最初に思い出したのは、ゴリエでした。ゴリエのキレキレのダンスを、「この人、ダンスの専門家なのかな」と思っていたくらいです。

ゴリ　ジャッキー・チェンが好きなんです（笑）。ぼく、ダンスがうまいとか、器用と思われがちなんですけど、すごく運動ができていたわけじゃなくて、やっぱり目立ちたい、注目を浴びたいという気持ちからです。ジャッキー・チェンのカンフーの動きだとか、バク転、バク宙をすると、みんな「かっこいい」って言うじゃないですか。ぼくもあれができたらかっこいいと思うと、もうずっと一日中、砂場でバク転の練習をする。

田中　じゃあ、ダンスも？

ゴリ　ただの努力です。

田中　かっこいいですね。今度この受け答えを使おう、「ただの努力です」（笑）

さらっとおっしゃっていましたが、やりたいと思ったら夢中で取り組むことできる方なのでしょう。努力を努力と思っていないのかもしれません。

ゴリさんは、子ども時代はもちろん、自身のコンプレックスも包み隠さず話してくれます。それもすべて笑いに変える強さがあります。

また、さすが芸人さん。コミュニケーション能力の高さを伺わせるエピソードも話してくださいました。

自分に自信を持てればコンプレックスも愛せる

田中 毛深いことが嫌だったと聞きましたが。

ゴリ ええ。大阪に転校したときは、本当に恥ずかしくて。ずっとおじさんの髭そりを使って、体中の毛をそってました。もうばかにされると思って、怖くて。沖縄に帰ってきてからですよ、仲間だ（笑）。同じ種類だって、うれしかったですね。

田中 「笑っていいとも！」で、ゲストの方がずっと間違えていたとか。

ゴリ 人気の猫を当てるというコーナーで、十四の猫が来て「好きな猫を抱っこしてください」となったわけです。それで出演者の方々が「じゃあ、ぼくはアメリカンショートヘアー、かわいい」「私はシャムネコ」と言って抱っこしたらCMに入って。ぼく、ゲストの横でこうやって腕を組んで、ずっと「猫、かわいいいいな」と思って見てたら、その方がぼくの腕を見て、「ワッ！」と言ったんです（笑）「ああ、こんな毛深いの、初めて見たんだ」と思ったら、「私、ゴリさんもずっと猫を抱っこしてると思ってました」（笑）。猫にしたら薄いでしょう。猫じゃ、病気で

すよ、これ（笑）

司会 しかもお隣にいたんですものね。

ゴリ ええ。そういうこともありました。昔はコンプレックスでしたけど、でも大人になると、コンプレックスも愛せるようになってくるというか、そんなものですよね。

田中 その強さというのは、どこから芽生えるんですか。

ゴリ 自信を持ったときかもしれないですね、本当に一個。ぼく、小学校のときにブレイクダンスというのがかっこいいと思って、家でもすごく練習したんです。好きだから練習できたんですけど、ああいう理想像になりたいという目標があったので。

だからぼくが学校で一番うまくなったら、みんな注目してくれるじゃないですか、「ダンス、すごいうまいな」とか、ブレイクダンスをやっているとか。何か自分に得意分野ができたときに強くなれた気がしましたね。

田中 何事にも粘り強いんですね。

これはテレビ局の知人から聞いたのですが、取材NGのお店も、ゴリさんが行くとOKになる店がいくつかあるそうですね。よほど脅しているのかなと思うのですが（笑）

ゴリ　「吉本のバックが怖いぞ!」とか、ないない（笑）

田中　その情報は本当でしょうか。

ゴリ　もちろん断られるときもありますが、とにかく粘ります。「だめ、だめ。いい、いい」と言われても、しつこく「いや、そこをなんとか」。でも、「そこをなんとか」ばかり言うと、向こうがどんどんイライラしてくるので、まず話を変えます。「いま何してるんですか」「これって、なんですか」「これは和菓子をつくる道具よ」「俺、初めて見ましたよ、こんなの。和菓子って、これでつくるんだ。和菓子って芸術ですよね。ただ食べて甘いだけじゃなくて、見た目がめちゃめちゃきれいじゃないですか」「ご主人、何代目なんですか」「俺はもう四代目かな」「結構、昔ですね。でも、お父さんっていいながら師匠でもあって、教え方とか、結構厳しかったりします?」「うちのおやじは何も言わない、『見て学べ』みたいな感じだな」「見て学んで、このレベル、つくれます?」とやっていると、どんどん心がほぐれていくわけです。

嫌がられても、話を変えてでもしゃべりつづけると、人間は根気に負けてしまいます。悪気がなければ大丈夫。こっちに悪意があったりすると、向こうもどんどん感情が高ぶっていって曲げないですが、こちらに好意があれば、心を閉ざしている子どもにしろ、絶対にしゃべってくれるようになってきます。

そのうち、「じゃあ、このあと、俺、ちょっと出なきゃいけないから、三十分だったらいいよ」とOKになったりする場合は確かにあります。

田中 いまのお話も、必ず褒めるところを探していますものね。

ゴリ そう、やけに驚いたり、「こんなんでつくるんですか！」みたいな（笑）

ぼくも子どもと絡むときもあります。しゃべらない子がいると、結構大変なのですが、諦めずに質問しつづけ

たりとか、「これ、どう思う?」とか言うと、しゃべらなかったりすると、すごく困るわけです。テレビとしても撮れないわけですから。そういうときにぼくがやるのは、絶対、二択にします。「好きな動物、何?」「うーん、ない」と言うよりも、「犬と猫だったら、どっちが好き?」と言うと、引っ込み思案な子どもも言いやすいわけです、「猫」とか。

「猫、好きなんだ。猫だったら、何が好き? アメリカンショートヘアとか何とか、いろいろあるじゃん?」「ペルシャ猫」「ペルシャ猫、知ってんの、すげえ詳しいじゃん」。当たり前のことなので本当は驚かなくていいのですが(笑)「あと、シャム猫も知ってるし」なんて言いだしたら、「シャム猫、マニアじゃん!」となって相手も気持ちよくなってくるわけです。「俺なんか、猫アレルギーで、ハクションってなるんだよね」と言ったら、ちょっと笑いだしたりして、どんどんほぐれていったりするんですけど。

そう考えると、ぼくは困ったときには二択を出していますね。向こうは選ぶだけでいいので。それに対して、また二択にして、また二択にして、こっちがその答えに対して「おー」とか、リアクションを取ってくると、心を開いてくれる子どもが多かったときがあります。

あとは触ります、いやらしい意味じゃないですよ（笑）。スキンシップって安心したりするんですね。頭とか、「おまえ、すごいじゃん」「マジで」とやったりすると仲良くなりやすいですね。

田中　学校の先生になりません？

ゴリ　いやいや、ぼくには無理です（笑）

前回のぐっさんのときもそうでしたが、先生になったら間違いなくすごかったでしょうね（笑）。特に子どもと絡むときに子どもが話しやすくなるように問いかけるというのは、先生たちにも意識してほしいことだと思いました。ぐっさんもゴリさんも共通するのは、人を乗せるのが上手だということ。そして、何より自然体なのです。そこが、お二人の魅力なのでしょう。

では、最後にゴリさんから先生方へのメッセージで終わりたいと思います。

楽しもう、きみが思っているほど時間はない

ゴリ　いま、学校教育で先生という仕事に携わっている人たちって、本当にすごいって思っています。テレビでもバラエティにしたって、モンスター・ペアレンツじゃないけれども、ネットだとか、一般の視聴者の力が強くなりすぎていてクレームが入ることがあります。教育のなかでもたぶんもっと、生徒に教えたいからこういうふうにしたいというのも、親の圧力だったり、その圧力を受けている校長先生からの圧力だったりとかで、なかなか自分の仕事に燃えたいのに燃えられないこともあるかと思います。

ほんとに苦しい状況のなかで、でもやっぱり「先生」という職業に就いたということは、皆さんも何かきっかけがあったはずなんです。それはドラマかもしれませんし、自分の恩師に受けた恩が忘れられないからというのもあるでしょうし。

テレビ業界も教育現場も世知辛い世の中になっていますが、ぼくも嫌なことがあったり、つらいことがあったりしても、個人的なことを考えてしまうんですけ

ど、やっぱり一回しかない人生だから、棺桶に入ったときに「ああしとけばよかったな」「こうしとけばよかったな」といった後悔をできるだけ棺桶に持っていきたくないというのをいつも考えるんですね。だから、できるだけ後悔しないように、勇気を出して思ったことはやってみようとか、自分の力はそんなにないけれども、やりたいことやあこがれがあったら、無理だと思っても挑戦してみようとか、いまだにやっている部分は多いです。

ぼくの携帯にいつも書いてある言葉あります。本に書いてあった好きな言葉なんですけど、「楽しもう、きみが思っているほど時間はない」。シンプルな言葉なんだけど、本当にそうだなと思うんです。つらいことをプラスにかえて楽しんで、自分の充実した人生にするために、一生懸命勇気を出していこうと思って、ぼく、毎日一生懸命生きてるので。皆さんもつらい現場ながらも、やっぱり教育現場というものに夢を持たれていると思いますし、その夢を子どもたちに伝えて、まさにきょうのこのような関係じゃないですけど、ぼく、すごい素敵だと思うんですね。教え子が、こうやって立派に成長して一緒に仕事をしたりとか、先生が褒めてくれたおかげで、すごくそれがプラスになって、いま、すごく勇気を出してこういうおしゃべりをする仕事に就けたんですとかって。

そういうものを皆さんの教え子は大人になって「先生、こうなったよ」と見るのも、また楽しいじゃないですか。現場も楽しい、後々の成長していく子どもたちの話を聞くのも楽しい。「何十年ぶりの生徒と飲むんだ」という先生の話もあるじゃないですか。

皆さんは、自分の家庭を持って、子どもを持つでしょうが、先生というのは家庭以外の子どもを持てる唯一の職業だと思います。教育という現場を使えば、何百人という子どもを持つことができるわけじゃないですか。

そういう意味でも、これからの日本を担っていく子どもたちをつくる最初の先生というのは皆さんですから、苦しみに立ち向かいながら、ぼくも頑張りますので、皆さんも頑張ってください。なんか偉そうですけれども。すみません、ありがとうございました。

4章

先生も芸人も「場を読める力」を鍛えるといい

ココリコ・田中直樹さんとの対談

田中直樹（たなか・なおき）

1971年、大阪府生まれ。タレント。1992年、小学校時代の同級生だった遠藤章造とお笑いコンビ・ココリコボンバーズを結成。その後、ココリコへと改名して人気を博す。リーダーでボケ担当。また、俳優としても活動し、映画・テレビドラマなどでも活躍中。おもな出演番組に、『ZIP!』(日本テレビ)『池の水ぜんぶ抜く』(テレビ東京)「LIFE！〜人生に捧げるコント〜」(NHK)『ダウンタウンのガキの使いやあらへんで!!』『笑ってはいけないシリーズ』(日本テレビ)ほか多数。

誰かの人生に少しでもプラスの影響を与えられるといい！

三人目の芸人さんは、ココリコの田中直樹さん。バラエティ番組のMCやコント、さらには俳優まで幅広い芸風で人気を博しています。

また、直樹さん（私の名字も田中なので、混乱を避けるために直樹さんとしますね）は生き物大好きとしても有名。今回の対談でもそのうんちくがさく裂します。芸人さんなので、こちらが食いつきそうな話題をおもしろおかしく紹介してくれる、その話芸にも感服しました。対談前の楽屋で打ち合わせするときは、物静かな感じだったのですが、いざ本番が始まると、その爆発力たるやいなや……。会場はずっと笑いっぱなしでした。

直樹さんの小学校時代の思い出や、芸人になられた経緯、相方の遠藤さんの話、それから生き物の話など……。W田中の対談をお楽しみください（今回は、私が博史、ココリコの田中さんを直樹としています）。

普通中の普通の子ども時代からお笑いに

博史 どういうきっかけで、この道に進まれようと思われたんですか。

直樹 何か本当に不思議なんですよ。それこそ小・中・高と、ぼくは本当に普通の子どもで、いまはどうなんでしょうか。学校のなかで、本当におもしろい、ユニークな子がたくさんいて、そういう子が吉本に入るみたいな感じですかね。

博史 そういうイメージですね。

直樹 ですよね。ぼくらのときも、もちろんそうだったんですけれども、ぼくなんて本当に普通の生徒でしたね。

博史 うなずきませんけれども、うかつに。

直樹 本当に、本当に普通なんです。勉強もスポーツも。なにしろユニークさとか、一切ない。普通をガーッと集めて、普通をこうやって揺さぶって、ふるいにかけて、一番最後に残る普通がぼくだった（笑）

博史 人前に出ることはどうでしたか？

直樹　人前に出ることも、すごく恥ずかしかったです。それで相方の遠藤とは小・中と同じ学校やったんですね。相方は学校で目立つ。「おまえ、吉本へ行けよ」みたいなタイプの子やったんです。遠藤にとってはたくさん友達がいるなかの一人がぼくで、ぼくにとっては少ない友達のなかの一人が遠藤でという関係やったんですけれども（笑）

博史　そうだったんですね。

直樹　それで遠藤がお笑いをやりたいとなって、「ああ、そうなんや」って。でもぼくはそういうのは無理やと思っていて。高校のときに遠藤がそんな話をしていたんですけれども、「やりたいなら、頑張ったらええやん」みたいな。ぼくは高校のときに専門学校に行きたかったんです。デザインを学びたいって言って。それで高校の先生に「ぼく、専門学校へ行きたい」と言ったんです。当時の高校はほとんどの男子が大学に進学するんですよ。うちの母もぼくを大学に行かせたかったみたいで。先生と母は大学、でもぼくは専門学校でデザインを学びたい、そこから、話しあいが始まったんです。

先生は「大学へ行け」、おかんも「大学に行け」。ぼくはもう「嫌だ」っていうやり取りがずっと進路指導のときに続いて、体を壊すんですよ。

博史 誰がですか。

直樹 ぼくが（笑）

博史 その話のなかで？

直樹 そう。ぼく、つらくなってもうて。自分がやりたいことと親に対する、何か期待を裏切ってしまっている自分に対して胃腸炎になるんです。急性胃炎と急性腸炎になって、一週間入院するんですね。そのときに最初に見舞いに来てくれたのが遠藤なんですよ。

博史 なるほど。

直樹 遠藤とは高校は違っていたんですけどね。彼は野球がうまくて、香川県の藤井学園寒川《さんがわ》高校に野球留学していました。

彼は本当に勉強をあまりしてこなくて、最近もマンションの前に「FOR RENT」という立て看板があるじゃないですか。あれをマンション名だと思ってたんですよ。「FOR RENT」グループだと思ってたんです（笑）

すみません、話ずれましたね。それで、香川から帰ってきていた遠藤が毎日というか、ちょうど時間もあったんで見舞いに来てくれたんですね。それでやっぱりぼくはもうどうしても、「先生、専門学校へ行きたい」って言ってデザインの専門学校を選ぶんです。

その後、無事にデザイン学校に入ってそれから卒業間近になって、卒業制作をつくるんですけれども、期限に間にあわなかったんです。「もうあんた、このままやったら卒業できへんで」っていうときに、また何も仕事をしていなかった遠藤が毎日ぼくの家に来てくれて、ぼくの卒業制作を、何枚もある卒業制作を毎日手伝ってくれたんです。それでなんとか期限に間にあって、卒業することができたんです。ぼくはもうその作品は遠藤の作品だと思っているんです（笑）。そのおかげで卒業できたので。もう本当にそうなんですよ。でも、そんなぎりぎりでの卒業なので、就職活動なんてしてないんですよ。できていないんですね。

博史　そうですよね。

直樹　卒業できたけど、どうしようってなったときに、お笑いをやりたかった遠藤が「直ちゃん、時間があるんやったら、お笑いをちょっとやらへんか」って言われて。ぼくは借りもあるというか。何も決まっていないんやったら、ちょっと遊び半分とい

うか、やってみようかってなって、このまま続いて、二十三年たってもうたんです（笑）

博史　壮大ですね。

直樹　ええ（笑）。それで全然興味がなかった自分が、初めて自分のつくったネタをお客さんの前でかけるんです。百人ぐらいのお客さんの前で。もう東京へ来て一カ月後には、舞台に立っていたんですけれども。

本当に二、三割くらいの笑いしか起こらないんです。でも、たまに五割くらいの笑いがポーンと起こる。自分がつくったことで、お客さんが笑ってくれるという反応がうれしくて、「なん

や、この世界」と思って、そんなに興味なかったのに、ドンとのめり込んでしまうんです。

博史 ネタはどちらがつくっていらっしゃるんですか。

直樹 ネタはぼくがつくります。遠藤もコントを書いてくれるんですけれども、いつも設定が宇宙人のコントなんです（笑）。いつも宇宙人。「ちょっと遠藤、宇宙人以外の設定のコントを書いてくれよ」と言って、「わかった」と言って持ってきたのが火星人だったんです（笑）。火星人も宇宙人やしという話で、そこからぼくが書くようになりました。

博史 でもそれまでに全然、そういう世界に興味がなかったのに、お笑いのネタを書けるものなんですかね。

直樹 本当に見よう見まねです。そうだ、思いだした。いまの話で思いだした先生がいました（笑）

博史 芸の先生ですか？

直樹 いや、中学になってしまうんですけれども、それこそ遠藤と同じクラスやったんですけどね、文化祭で遠藤がコントをやってたんですよ。もう学校の文化祭の出し物みたいなので、クラスの何人かと一緒に「何時から、遠藤コントをやります」と言ってコントをやると。

博史 遠藤さん一人でやっていたの?

直樹 いや、遠藤と何人かの友達です。三、四人で、当時のフジテレビの『プロ野球ニュース』のパロディのコントをやっていたんです。

博史 そのときは誘ってもらってないんですか。

直樹 誘ってもらってないです。遠藤のコントは、たぶん十五分くらいのものだと思うんですけど、ドカーン、ドカーンとウケているんです。それで急きょ、アンコールの声がかかって。「2ステージ目やろう」「何分後にもう一回やるわ」と言って、遠藤がもう一回コントをやることになった。その合間の十五分くらいのつなぎの時間に、ぼくが別で発表しようとしていた盲腸の研究発表をすることになったんです(笑)。何日も前から発泡スチロールで盲腸の模型をつくって。情報を一人で集めて考えてきた「知って得する盲腸」(笑)。遠藤の1ステージ目が終わったあとにぼくが出ていって、「盲腸というのはね…」という話をしたんです。

さっきまでいた、同学年の生徒がパーッといなくなって、一番後ろにいた担任のカタヤマ先生だけが「うん、うん」って言って（笑）。その先生のことを思いだしました。その先生がそこで見守ってくれて、ほほえんでくれていたのがすごく目立ちました。

遠藤さんとのココリコ結成までのお話から、中学時代の思い出まで。随所に笑いをちりばめながら、聞き手を飽きさせないのはさすがの一言。とても普通の子だとは思えなかったですけどね（笑）

続いては、直樹さんの得意分野である生き物ネタです。

授業で話せる!?「なぜ、女性の胸は大きいのか？」

博史　なるほど。でも、盲腸とかって、中学校の頃から人体とか生き物のネタが好きだったんですね（笑）

直樹　好きでした。小学校のときは理科が好きでした。生物、生き物がもう子どものときからずっと好きで、そのまま何か好きなまま大人になったかもしれないです。

博史 自分でずっと何かいろいろ生き物を飼ったとか。

直樹 小学校のときは本当にもういわゆるザリガニだとか、カマキリだとか、犬も飼っていましたね、小学校五年生から中一まで。ダンボールに入っていた子犬が捨てられていて、「誰かもらっていってください」みたいな。公園の本当にぬれないところに置かれていた犬、雑種を飼いました。

博史 最近、生き物の雑学で「これ、語りたいな」というのはありますか。

直樹 何がいいかな……。人の女性って、ほかの生き物のメスと比べて、女性は妊娠しなくても胸が張っているんですね。ほかの哺乳類って、子どもを身ごもらないと胸は張らないんですよ、授乳期じゃないと。けれど人の女性は授乳期以外、身ごもっていなくても胸があるじゃないですか。

これはなぜなんだろうという話なんですけれども。

博史 理由があるんですか。

直樹 理由があると言われていまして、たとえば哺乳類って基本、四足歩行じゃないですか（そう言って四つん這いになる）。

博史　なんでいま下がったんですか。

直樹　ちょっといま四足歩行を。

博史　四足歩行をするんですね。

直樹　たとえば四足で歩いているとするじゃないですか。ぼくがオスとします（目で博史先生を促す）。

博史　え、私もやるんですか。

直樹　お願いします。博史先生はメスですね。

博史　なんでもしますよ（四つん這いになる）。

直樹　すみません（笑）。それで、ぼくの目の前には博史先生の、ごめんなさいね、先生（笑）。オスのぼくの目の前に博史先生、つまりメスのお尻が来るじゃないですか（博史先生のお尻の後ろに直樹さんが来る）。発情のスイッチって、博史先生、メスのお尻を見て（笑）

博史　大丈夫ですよ（笑）

直樹　すみません。言っておきますけど、下ネタでもシャレでもなんでもないですからね。

博史　生物学ですね。

直樹 はい。オスって、メスのお尻を見て発情のスイッチが入るんですよ。

博史 もうこれ以上は近寄らないでください（笑）

直樹 大丈夫です。ありがとうございました（二人、着席する）。

博史 目の前にあることが大事なんですね。近くにいるんじゃなくて。

直樹 はい。目の前の目線に、ここにちゃんとお尻が来るということが大事らしくて、そこでやっぱりスイッチが入って、子孫を残していこうとなるみたいなんですけれども、人間は二足歩行なので、目の前に。すみません、博史先生、もう一度（笑・博史先生立ちあが

る）。先生が立って向いてくださったときに、目の前に先生のお尻は来ないですよ。

博史 そうですね。

直樹 お尻はやっぱりここなので、目線にお尻が入ってこないんですね。そうなると人間ってなかなか発情スイッチが入らないんです。なので博史先生がメスの場合、そうです、まさに目線はここに。

博史 なるほど、胸なんですね。

直樹 はい。二つ目のお尻をもってきているんです。

博史 二つ目のお尻だったんですね。

直樹 言い方はあるとは思うんですけれども、同じような形の。

博史 セックスアピールというか。

直樹 はい。ここにもってきて、目線に第二のお尻をもってきていると考えられているんですね。それで発情スイッチを入れるというのが……。これって、先生方が夏休み明けに子どもたちに話せるエピソードになりますかね。

博史 これはやめたほうがいいと思います。

直樹 ですね（笑）。では、もう一つだけ。カブトムシとかコガネムシについて話します。

カブトムシとかって、足が鋭くフック状になっていたりするから、持つだけで引っかかって痛いとなると思うんですけれども、正しい持ち方をしてあげれば大丈夫です。コガネムシの場合は横で、カブトムシだと小さいほうの角を持ってあげると足が返ってこないので安心です。

あと、昆虫って口とか、鼻とかで息をしていないんですよ。昆虫類って、体のいろんなところに穴が開いているんですね。気門というのですが、ここから呼吸しているんです。そういう豆知識みたいなもので興味を持ってもらえたらいいと思います。

それと、昆虫って、うそみたいな話なんですけれども、宇宙から来たとかって言われているんですけど。

博史 それは遠藤さんのネタですか（笑）

直樹 違います（笑）。まじめな話です。もちろん本当の話ではないとは思うのですが、普通はみんな内骨格じゃないですか。体のなかに硬い骨を持っていて、それはいろんな脊椎動物をはじめそうだと思うんですけれども、おおまかに言うと昆虫だけ外骨格なんですよ。外が一番硬いんですよ。まして甲虫類は特に。

それでほとんどの地球上の生き物は昆虫だということですよね。われわれよりも圧倒的に、この地球上をほとんど占めているのが昆虫。だから昆虫の世界にわれわれがまずいるということが一つ。

博史　おもしろい。

直樹　その外骨格であるから、宇宙から来たんじゃないかって言われているんです。体の成り立ちが地球上の生き物の成り立ちと違うから。あくまでも説ですけど。もし、宇宙人と交信しているような感覚を得られれば（笑）。めったに宇宙人と交信することってできないですから。

博史　スケールが大きいですね。これで子どもたちはみんな、昆虫としゃべっていますね、きっと（笑）

私もすっかり巻き込まれてしまいました。このときは、大勢の先生方を前にして、二人して四つん這いになりました。会場は爆笑していたのでよかったですが。

こういう巻き込み方、笑いの生み方も抜群ですね。生き物ネタのチョイスもおもしろかった。残念ながら子どもたちには話しづらい内容でしたが（笑）。でも、二つ目のカブトムシの話はちょうどいい感じだと思います。このあたりのさじ加減も勉強になります。
最後に、直樹さんの芸と先生の仕事についてのメッセージを紹介します。

先生の存在は財産になる！

直樹 記憶に残っている先生をもとにキャラをつくることもあります。たとえば、高校の英語の先生は、日本語をしゃべるんですけど何を言っているのか全然聞き取れないんです（笑）。すごく好きな先生なんですけど、何を言っているのか全然わからない。よく褒めてくれるんです。「なんとかでなんとかでグッド！」って（笑）

博史 グッドしか聞き取れない（笑）。でも、そういう瞬間って覚えているもんですよね。

直樹 ええ。クラス全員がグッと一回引くんですよね（笑）。「うん？」ってなる。その先生はおじいちゃんやったんですけれども。授業はすごく好きでしたね。
そういう人をもとにコントをすることがあったりします。本当に先生って、いろいろな芸人さんがよくモノマネとか、コントをされるじゃないですか。だからやっぱりみんなのなかで、よほど印象深いんですよね。毎日接する方でもありますし、

博史　いろんな先生がいらっしゃるから。そういうのって逆に財産になりますね。なるほど。いま、ここにいらっしゃる先生方も毎日子どもたちと教室で過ごして、そのキャラで子どもたちが引いたり、ウケたりしてるんですね。この企画は、もっと教室に笑いがあるべきだということから始めているのですが、直樹さんが先生だったら、最初の自己紹介のときなど、どうやって子どもたちを引き込みますか。

直樹　そうですね。ぼくはネタとかは仕込んでいかないでしょうね。その場の空気を見て、ちょっとずつしゃべりながら、盛りあげていくようにします。食べ物とか芸能界とか、皆の興味がどこにあるのか探りながら。

博史　営業とかに出られると、すぐにネタに入るわけじゃないでしょう？

直樹　そうですね。探りながら、枕的なことで最近あった話などをします。コントの場合だと、ある程度もう決めて舞台に出るので、なかなかお客さんの様子を見てというのは難しいんですけれども。

やっぱり場を読める力というのがきっと芸人さんには大事だと思うので、そこを鍛えていけたらなと思うんです。人が相手なので。

博史　それはきっと学校の先生にも同じことが求められているかもしれませんね。

直樹　最後に、先生方にメッセージをお願いします。

まずはこういう場に呼んでいただいて、本当にありがとうございました。先生方とこうやってお会いさせていただくことって、なかなかないので。ぼくの話がなんの役に立つのか不安ですが、何か一つでもお役に立てればと思っています。

先生という仕事は本当にすごい仕事だと思っています。何十人、何百人のお子さんを見ていくのは大変だと思うのです。でも、ぼくたち生徒側からすると、先生のことって一生覚えていて、いい意味で先生によって人生を変えてもらっています。

そういう場にいらっしゃる方っていうのがうらやましくもあり、自分もお笑いの世界でそうありたいなと思っています。その人の人生が変われば、それは素敵やなと思うので、共通点の多い仕事だなと思いました。

最後に、博史先生のお尻はすごく素敵でした（笑）。きょうはどうもありがとうございました。

5章

自分が一番得意とするやり方で行く！

博多華丸・大吉・華丸さんとの対談

博多華丸（はかた・はなまる）

1970年、福岡県生まれ。タレント。お笑いコンビ・博多華丸・大吉のボケ担当。1990年、大学時代に知りあった博多大吉と福岡でデビュー。2005年に上京し全国的に活躍。2014年にはTHE MANZAIで優勝。児玉清や川平慈英のモノマネでもお馴染み。おもな出演番組に、『あさイチ』（NHK総合）『有吉ゼミ』（日本テレビ）『華丸・大吉のなんしようと？』（テレビ西日本）『教えてもらう前と後』（毎日放送）『アメトーーク！』（テレビ朝日）ほか多数。

遠回りしてでもいいから、いまの自分で進めばいい！

四人目は、博多華丸・大吉の華丸さんです。木訥《ぼくとつ》なキャラクターとマニアックなモノマネが大人気、この方を嫌いな人はいないのではないか、と思うほど好感度の高い芸人さんです。もちろん、私も大好きです。サッカー解説でもおなじみの川平《かびら》慈英さんやトーカ堂の北義則社長、そしてアタック25の司会者でも有名だった俳優の児玉清さん（故人）のモノマネは絶品。今回の対談でも披露していただきましたが、生で見るとよりおもしろい。会場も拍手万雷、それだけで大満足という感じでした。

それと今回、司会の平澤志帆さんにもアシスタントとしてトークに加わっていただいたのですが、実は彼女は私の教え子です（笑）。いまは、フリーアナウンサーとして活躍していますが、さすがの対応力でした。本編では、小学校のおもしろエピソードからモノマネラッシュのため、頭のなかで思い浮かべながら読んでいただければと思います。

モノマネはみんなを幸せにする！

田中 （冒頭）ここに来ているお客さん、全部学校の先生なんです。

華丸 いや、すごいですね。こんな静かな立ちあがりだとは思わなかった（笑）。歓声がない。自分のことをちょっと買いかぶっていました（笑）。もう少し人気があると思っていたんです。

田中 いやいや、大人気ですよ（笑）。まずは、小学校時代の華丸少年の本当の姿をちょっと聞いてみたいなと思います。小学校、中学校時代の思い出エピソードはありますか。

華丸 普通に学校の先生のモノマネをしていましたね（笑）。え？　これって普通じゃないですか。

田中 普通じゃないです。なかなかいないです、モノマネは。

華丸 いや、モノマネというか、ただ先生の口癖をまねする程度ですよ。

田中 ちなみに、彼女（平澤さん）は、テレビショッピングの番組をやっていたりします。

平澤 テレビショッピングのアシスタントですね。

田中 テレビショッピングといえば（笑）

華丸 （トーカ堂の北社長のモノマネをしながら）破格ですよ。十九万八千円！

平澤 すごい（笑）

田中 さすが、プロは違いますね。うまいですね。

華丸 いやあ、うまいというか、申し訳なさそうに結構な値段を言うっていうモノマネをしているんです（笑）

田中 でも、この北社長本人のことは、知らない方も大勢いるでしょうね。

華丸 でしょうね。あの人は福岡の方で、トーカ堂という貴金属を扱っている会社の社長さんです。真珠とか、イヤリングとか。やっぱりテレビショッピングって安いイメージがあるじゃないですか。

田中 はい、はい。

華丸 一応、「本当に破格ですよ」と言いながら、「十九万八千円！」って言う、それだけです（笑）

田中 これ以上、深くは突っ込みません（笑）

華丸 いまでも懇意にさせていただいています。

田中 そういう人をよく見ているというか、モノマネをずっと小さい頃から積み重ねている。人を見るときに「ここをまねてやろう」とか、「この人のここって、できるかも」って思われるんですか。

華丸 いや、そんな熱心にやっていたわけじゃないんですけれども、休み時間とかでやっていたんじゃないですかね。友達が「うまい」とか言ったから調子に乗ってたみたいなものです。

田中 当時、そういうことでやってくれる子たち、私たちも小学生の子どもを見ていて、その場面でパッとやれる子たちと、その場面で振っても、絶対に恥ずかしがってやらない子たちっているんですよ。普通の子って、実は振っても「いやいや、いやいや」と言ってやらないですよね。華丸さんがそちらのほうにポーンと行っているのはどうしてなんでしょうか。

華丸 どうですかね。まわりがうまかったんだと思います。ぼくじゃなくて、乗せているほうが。だから、ぼくの力じゃないんですよね。自分からやっているわけじゃなくて、そいつらがおもしろがってやらせてくれたんだと思います。

田中 やっぱりテレビショッピングのモノマネをもうちょっとちゃんと見たいね（拍手）。彼女に番組の司会をやってもらいましょうか。

平澤 私が振ったほうがいいですか（笑）

田中 テレビショッピングの番組の雰囲気をポーンと出してもらうと、急に変身するかもしれないから。はい、スイッチオン。

平澤 では、ここからのお時間は素敵な商品をご紹介したいと思います。どうぞ、よろしくお願いいたします（拍手）。

きょうご紹介いただけるのはどういった商品でしょうか。

華丸 （モノマネ中）バカラのですけれども、これは本当に、もう本当になくて、本当に数があとこれと、あと十個しかないんですけれども。本当に限定ということで、今回は夏休みスペシャルということで、これにこれをつけまして……十九万八千円！

田中 普通にしゃべっても、何かおもしろいですね（笑）。どこがモノマネだったか、よくわからない（笑）

華丸 そうです。ぼく、すごいモノマネ芸人みたいに言われますけれども、全然ですよ。

レパートリーは二、三個しかないんです（笑）

田中　残りのほうも、たぶん後ほど聞けると思います（笑）

お客さんをいじって笑いを取る。つかみとしてはバッチリでした。ここで私たちもお客さんもホッとしたような気がします。

それから、やはりモノマネはおもしろい。実はこのあと、川平慈英さんのモノマネを披露してくださいました。サービス精神が旺盛な方で、こちらの振りがちょっと強引でも（笑）、気にせずやってくれます。

ここからは、華丸さんの高校時代のエピソードに入ります。

男子校で笑いを学んだ!?

田中　高校のときの思い出の先生のことをお話ししていただきます。

華丸　ぼくは男子校だったので、先生はみんな男だったんです。女の先生はいない。だから、ほぼ刑務所でしたね（笑）

田中　刑務所ですか（笑）

華丸　本当に。だから、女の先生が入ると異分子なので、何か変なことが起きるんです。教育実習の先生が年に二回くらい来るのですが、そのときはもう授業にならない。ブラウスからブラジャーが透けたり（笑）。それだけで、もう大騒ぎ。だから刑務所ですよ（笑）

　男子校で、しかもぼくはベビーブームの時代だったんで、一学年で千人いました。マンモス校ですね。五十人の二十組です。もうめちゃくちゃですよ。

平澤　先生も大変だったでしょうね。

華丸　そうですね。教科ごとに一応分かれていますけれども、大変だったと思います。数が増えるほど頭がいいんですよ。

田中 そんな学校ありましたね、昔。それで、そのときの先生というのはどんな先生だったんですか。

華丸 個性豊かでしたね。各教科にいました。多感な時期の男ども五十人が相手ですからね。一筋縄ではいかない。やっぱり話がうまかったですね。下ネタとかも挟んできたり。盛りあげ方がすごい。ぼくは長男だったので兄貴がいないから、世代的に憧れるんですね。だから先生になったら、こうやって高校生を引っ張っていけるんだというのには憧れました。そういう意味では、いま舞台に立っているのも同じ感覚かもしれません。

田中 教師の雑談力ですね。

華丸 そうですね。だからぼくらは授業が始まると勉強しなきゃいけないじゃないですか。でも先生が乗ってくると、授業そっちのけで決まった話とかしてくるんですよ。そうおもしろくなくても「ハハハ」とか言っていたら先生も乗ってくるから。そういうので「合いの手」力みたいな（笑）。「イヨッ」とか言って。

田中 生徒の「合いの手」力って。

華丸　そう、そう。どうすれば授業に入らないかみたいなことは、高校時代はすごく覚えていますね（笑）

なんとなく華丸さんが高校生だった頃の姿が目に浮かんでくるのではないでしょうか。いまの華丸さんをつくりあげたのは、男子校なのかもしれません。

次のエピソードは、ほかの芸人さんのこと。芸能界は弱肉強食です。この世界で生き抜いていくのは大変だと思います。そのなかで、華丸さんはほかの芸人さんのことをどう思っているのか、嫉妬したりするのか、そのあたりを伺ってみました。

自分にないものを持っている人は尊敬する

田中　たとえば後輩の芸人さんを見ていて、「こいつ、すごいな」って思うとき、それは何を見て、そう感じるのですか。

華丸　自分にはないものを持っている人はすごいなと思います。そいつになりたいかといったら、なりたくはないですけれども（笑）。全然違うことで、やっているというのは思いますね。

田中　それはやはりその後も、そのすごさが出ますか。

華丸　はい、出ますね。全然、自分にないものを持っている後輩とかは。

田中　自分がオリジナルで、バーッと出たいけれども、この世界のなかではなかなか目立ってちゃいけないとか。そういうのって芸人さんが飛びだすときにはあるのでしょうか。案外、自由ですか。

華丸　そうですね。芸人はお客さんあってのことで、やっぱり仕事ができるやつは、空気を読むのに長けてますから。だから、変なやつはあまりいないですね。ぼくらもいわゆる新人類とかって言われ、いまはゆとり世代ですか、そういう方もいるかもしれませんが、芸人の世界は、意外とそれは少ないですね。

田中　なるほど。毎年、吉本の方に同じことを聞くと、みんな「芸人仲間は仲がいいんですよ」っておっしゃるんですね。だから、上の世代の人たちが太っ腹なのかなと思いながら。若い子がそうなったときも、伸びていくのを思いっきり保証してあげているのかなと思いながら聞いています。

華丸　そうですね。

田中　うちの学校なんか若い芽は早めに摘んじゃおうみたいな（笑）。うそですけど（笑）

華丸　置き換えるのは難しいですけれども、でも四十歳を過ぎてからはすごく寛容になるというか。

田中　四十歳までは、どういう気持ちの処理をしていたんですか。

華丸　やっぱりもう酔っ払うとか、飲んで忘れるとかです。現実逃避です（笑）

田中　後輩芸人のセンスがあるとか、優秀なのを見つけたときに、声をかけたりされるんですか。

華丸　いや、声をかけられるのを待つぐらいじゃないですか、どっちかというと（笑）

どの世界でも上下関係はあります。そして、そのなかには出る杭を叩くというわけではないですが、押さえつけてしまう関係もあったりします。教育界でも、若い先生のやりたいことを阻んでしまったりする中堅・ベテランの先生もいます。

だから芸能界はどうなんだろう、芸人の世界はどうなんだろうと思って伺ったのですが、比較的自由というか、優しいと聞いて意外に思いました。

さて、華丸さんは芸人さんなのに、とても緊張しやすいとおっしゃっていました。そこで、その緊張とどうやってつきあっているのかを伺ってみました。

緊張しない人はダメ

田中　ところで、華丸さんは、よく緊張するとお話しされていましたが、舞台とかでの対処法とかはありますか。というか、先ほどまでずっと緊張されていましたよね（笑）

華丸　緊張しています。でも、よく吉本の先輩から教えられたのは、緊張しないやつは芸人としては成功しないと。緊張感があるから研ぎ澄まされている部分もあったりするんだと。

だからオン・オフじゃないですけれども、「あの人、テレビじゃないと全然おもしろくない」みたいなのあるじゃないですか。それって結構「ある、ある」でして。

田中　なるほど。テレビじゃないときもずっとうるさい人は限られているわけですね。

華丸　いや、本当に限られていると思います。

田中　たとえば、どんな人がいますか。

華丸　さんまさんとかです（笑）。寝ているとき以外はしゃべっています（笑）。ぼくも実際にお会いして、本当にそうなんだと思いました。

でも、そういう人以外にとっては、緊張は普通のことです。いくらベテランの教師になられても、常に緊張感を持っている先生のほうが絶対いいと思うので。緊張をほぐすのはもうそれぞれだと思いますけれども。

ぼくはもう本当に危ないと思ったら、誰か一人を決めて、その人の顔をずっと見ます（笑）。そっちに緊張を渡すというか。向こうも緊張してきます。そっちを見てリラックスするみたいな（笑）。その手を使いますね。

田中　それで本当にリラックスしますか。

華丸 はい、ぼくが編みだした技ですね。

田中 いま、ちょっとやってみようと思ったけれども、怖くてできない（笑）

華丸 子どもで一回、練習してもいいんじゃないですか。子どももキョトンとすると思いますけれども（笑）

田中 子どもにやると、たぶんその子は泣くと思う（笑）

華丸 いや、泣きません（笑）。鬼の形相で見るわけじゃないですからね。でもやっぱり目が泳いでしまうと、ますます緊張すると思うんです。だからもう一点に集中して。動じない子をクラスに一人を決めて、いざというときはそっちを見て（笑）。ホットステーションをつくって、もう一回戻すみたいなことですかね（笑）

田中 緊張は大事だと。

華丸 緊張は絶対しなきゃいけないとは言われました。「背中で汗をかけ」と。「表に出すな」ということは、さんまさんがおっしゃっていたと聞いております。

「緊張しない人はダメ」というのは、いい言葉だと思います。確かに、緊張感のない授業でいい授業はないですしね。ただ、子ども一人を見続けるのは、危ないかもしれません

（笑）

最後に、華丸さんに先生たちへのメッセージをお願いしました。

先生と距離が近くなった子どものその後が見たい

華丸　ぼくらのときはやっぱり先生と生徒の距離がすごくあったんですよね。本当にもう「先生の言うことを聞きなさい」。親は親で、「うちの息子は棒でもなんでもいいから殴ってください」というような、当時はね。いまはたぶんそんなこともなくて、距離も近いと思うんです、『教師びんびん物語』以来。

田中　すごく古いですね（笑）

華丸　でも、その前の子どもなんで、ぼくらは。だからそういう意味で、たぶん思い出が全然違うと思うんです。ぼくらの子どものときと、いまの小学生が大人になったときと。

　もし、こういう同じようなことをもう一回されたとしても、いまの時代に育ってきた子どもたちは先生に近いから、思い出もたくさんあるでしょうから、それはすごく素敵なことなので、たぶんこのままでいいんじゃないかなと。想像ですけれども、先生とすごく距離が近くなった子どもが成長したところを見てみたいです。

田中 なるほどね。このままでいいって言っていただいて、すごくホッとしたところもあると思うんですけれども、私たち教師が子どものほうに近くなろうとすると……。

華丸 離れていきますかね？

田中 いや、逆に子どもたちを追いすぎたらだめ、教師はもっと毅然としなさいなんていう指導も、実はちょっとあったりしてね。

華丸 いや、でもそれはだから自民党もいて、野党もいてみたいなことで。全部が全部じゃないでしょう、やっぱり。そういう人もいなきゃいけないから、おもしろいですね。

田中 バランスをとってね。

華丸 バランスをとって。

田中 とってやるしかないということですね。

華丸 そうですね。だから距離感、芸人もやっぱりみんながみんな、さんまさんじゃないからいいのであって、それはでも自分が一番得意とするやり方でいいと思うんですよね。
無理して、「あの先生みたいに社交的になろう」というのは別にしなくても、ほとんど一言も授業以外ではしゃべらないのに、休み時間にポロッと言ったら、めっちゃインパクトがあって、その先生のことをすごく好きになる場合もあるじゃないですか。

田中 はい。

華丸 だから、キャラにないことはしないほうがいいかな。

田中 それはぜひ聞かせたい先生がいますね。自分のキャラにないことを無理にやっている人、いっぱいいますので。

華丸 それをやっぱり手本にすると難しいので、いずれできるようになるとは思いますが、やっぱり、まず自分が得意とすることを伸ばしていくほうがいいのではないでしょうか。ぼくなんかずっと博多弁で漫才をやっていて、東京とか大阪でやると通じないから、会社のほうからも標準語でやれとか言われてましたし。

田中 そんなこと言われるんですか。

華丸 はい。試行錯誤したまま、結局十五年かかりましたけれども、東京へ出て、名前も博多に変えてやって、やっと二十歳ぐらいにやってきたことが通用したみたいなことなんです。結局、いまはそこが生命線というか、そこがぼくらの漫才の一番の特徴みたいになってきたので。

急に関西弁になれって言っても、やっぱりわかるし、ばれるし。本当の関西弁には勝てない。自分の得意なところを伸ばしていくほうがいいと思います。

田中 吉本の標準語というのは、関西弁なんですね。

華丸 まあ、そうですね。関西弁か東京の言葉か、どっちかを選べとは言われましたけれども。でも、そういうのはすごく時間はかかりますけれども、地肩が違うので。それはすごく思います。

田中 要するに、子どもも、私たち大人も、あるがままで行けるのが一番いいということですかね。

華丸 ありのままで。

緊張することは大切と聞いて、安心した先生も多いのではないでしょうか。子どもも見栄を張らず、ありのままの姿で授業ができるといいように、大人も自分らしさが素直に出せる環境づくりが大切だということですね。
今度の研究授業では緊張しつつ、自然体をバランスよく楽しみたいと思いました。

6章 お客さんを見ながらその場の空気で笑いをつくる

中川家・礼二さんとの対談

中川家礼二（なかがわけ・れいじ）

1972年、大阪府生まれ。タレント。お笑いコンビ・中川家のツッコミ担当。1992年、実兄の中川剛とコンビを結成。本格派漫才で関西を席巻。2001年には、M-1グランプリ初代王者に輝く。大の鉄道ファンとしても有名で車掌のモノマネなどの鉄道ネタで人気を博す。おもな出演番組に、『さんまのお笑い向上委員会』（フジテレビ）『アメトーーク!』（テレビ朝日）『中川家 家電の流儀』（テレビ大阪）『痛快! 明石家電視台』（毎日放送）『怪傑えみちゃんねる』（関西テレビ）『中川家礼二の鉄活』（TOKYO MX）ほか多数。

かっこ悪いところもすべてさらして 笑いに変える！

さて、芸人さんとの対談も本書ではこれで最後となります。五人目は、中川家の礼二さんです。礼二さんといえば、電車の車掌、中国人、ラグビーの審判、大阪のおばちゃん……と、それはもうキャラの濃い素人さんのモノマネをさせたら、右に出る人はいないのではないでしょうか。

今回も惜しみなく披露していただき、本当に盛りあがりました。それにしても礼二さんの観察眼の鋭さはすごい。どうやって培われてきたのか、子ども時代までさかのぼってエピソードを伺いました（これもまたおもしろい！）。

そして、中川家の真骨頂は漫才。Ｍ－１優勝者の漫才はどのようにつくるのか、これは私たち先生にとっても授業づくりの心得として参考になる話でした。お兄さんの剛《つよし》さんのおもしろエピソードも満載で抱腹絶倒の一時間半。ぜひ、堪能してください。

モノマネの秘訣は暇!?

田中 小学生の頃からモノマネしてたんですか。

礼二 やってました。学校の先生のまねは必ず。これはねえ、お笑い芸人の半分以上は学生時代、学校の先生のまねをしてますね（笑）

田中 その頃にやっていた先生ネタっていうのは覚えてますか？

礼二 覚えてますよ。ぼくは中学校のときには、これは学校内で大ヒットしたんですけど、ナカムラ先生という社会科の先生がいて。警棒みたいなのを胸に差していて「（モノマネで）おまえ、いまからなあ、ヨーロッパの地図書くぞー」「ここなんや？　オー、おまえ、復習してきてへんのか……」と（笑）。いまだに地元に帰ったら、同級生にこの先生のモノマネやってくれと言われてます（笑）

田中 私たち、絶対にそのナカムラ先生のことを知らないはずなのに、なぜ笑えるんだろう。不思議ですねえ。

礼二 そうですよね。ぼくも違う誰かがやっている先生のまねって、なんかやっぱりおもしろいですね。

田中 それにしても、礼二さんの人間観察力ってすごいなと思います。

礼二 これはですねえ、小さいときに親があまりモノを与えてくれへんかったというか。つまり、やることがないんです（笑）

特に勉強していたほうでもないので、ポーッとしてたんです。夏とかもやることないから、オカンと一緒に買い物に行ったりして魚屋のおっさん、ずっと眺めてたりとか（笑）。そういうのがだんだん楽しくなってきたんですよ。

だから、どこに行くにも無意識に人を見て、家に帰って、兄貴に向けてそのモノマネをする。兄貴は笑う。楽しくなる。また出かける。誰か見つける。またまねするみたいなことで（笑）

田中 それがずっと続いていらっしゃる。

礼二 そうです。

田中 豊かにしちゃいけないっていうことかね。何もないことを……。

礼二 そう。いまはなんでもあるじゃないですか。だから、その時代でよかったなあと思いますけど。

田中 子どもの頃、ご両親から遊園地に連れていってもらえることになったけど、行ってみたら遊園地のそばだったというエピソードを聞きました。「ここが遊園地だよ」って、ずっと遊園地を見てたという（笑）

礼二 はい。「何しに来たんやろ」思うて（笑）。「これ、観覧車か。いや、中に入らなあかんやろ」ということですよね（笑）。親も変わってましたから。

田中 ほかに思い出に残っている先生はいますか？

礼二 小学校二年生のときに、当時既におじいちゃんだった先生がいたのですが、その先生はずっとタバコを吸いながら授業してましたね（笑）。まだ覚えてます。「セブンスター」でした。タバコをずっと吸いながら「（甲高い声で）ええかッ」（笑）。だってこれ、絶対、ありえへんでしょ。

田中 ありえない（笑）

礼二 それが別に誰も文句言うてへんし、こういうもんやと。あと中学校のときの国語のヤマグチ先生。これはおばあちゃんの先生ですが、すごい彫りが深くて、ぼくらは陰で「アイアンクロー」言うてたんです（笑）。いつも次の授業が始まるまで五分ぐらいの小休憩があるじゃないですか。そのときから来て準備してるんです。ゆっ

くり、教科書とか並べて。で、なぜかいつも人形を持ってるんです（笑）

田中　怖い。

礼二　それで、その先生、人形を介して教えるんです（笑）

田中　本当ですか？

礼二　本当です。腹話術じゃないですよ。「はい、これ、わかる人、おるかなあ。わかる人、いてますかねえ」って、全然声も変えてない（笑）。もうこれがおもしろくてね。

司会　全部の授業をそれでやられるんですか。

礼二　全部の授業、それでやってました。その先生は怒ったときもすごかった。授業中に集中せんでしゃべっていたやつがいたら、その生徒のかばんを持って、外のベランダにぽーんと投げる（笑）。あれね、げんこつよりこたえますよ。午前中やったら弁当入ってますからね（笑）

田中　そこまで人形を使って優しく授業しているのに。

礼二　してるのに、怒るとかばんを放り投げる（笑）

田中　恐ろしい。

礼二 げんこつとか、ビンタとか、そんなんじゃないんです。もうかばんを投げる。やっぱり一番つらいね、あれって。だから、「ちゃんとしよう」ってなりましたね、不思議なもんで（笑）

田中 いまのところ出てきているのは、とんでもない先生ばっかりですね。

礼二 ほんと、ほんと。ほんまにねえ。だから、ぼくはそんなの普通やと思うてたんですよ。

どうですか。先生のモノマネからエピソードまで全部がおもしろい。なかなかこういった強烈なキャラを持った先生はいないと思いますが、それでもここまでおもしろくできる

のは、やはり人間観察がすごいからだと思います。

そのことについては、ご自身も自覚されていて、ほかのモノマネにも随分活かされたようです。

人間観察大好き!

田中　人間観察をすごくしてますよね。
礼二　していますね。
田中　意識してしているのか、それともそういうのが好きなんですか。
礼二　好きなんですね。
田中　電車の車掌さんなんかもすごくお上手ですよね（拍手起こる）。
礼二　（車掌口調で）毎度ご乗車ありがとうございまーす。
田中　すごい。電車はいつ頃からお好きだったんですか。
礼二　小学校二年からです。それまで興味なかったんですけど、先頭車両でかぶりつきがあるじゃないですか、運転手さんの後ろで。その景色見たときに、急にスイッチがパーンと入ったんですよ。

田中 お一人で？

礼二 はい、一人で。それに乗って、さらに次も。その先頭じゃ飽きたらず、それこそ「毎度ご乗車～」というのを車掌がしゃべるすぐ後ろにいました（笑）。前で見てる小学生はいてましたけど、後ろを見ているのはぼくだけでしたね（笑）

あと、鉄道マニアのおっちゃんもいたかな。だから人間観察を兼ねているんですね。こうやってしゃべって、マイクを置いて、スイッチ切って、どんな顔してるんやろと思ったら、ずっと外見てる。「ずーっと外見てんのや」て（笑）。そんなとこをジーッと見てるのが楽しかったです。

田中 鑑察官みたいですね（笑）

礼二 ほんまにね。腕章付けた会社の偉い人みたいな感じで（笑）

田中 それはモノマネしようと思って見てるんじゃないんですものね。

礼二 違うんですよね。好きやから見てただけということなんです。

田中 それで音が入ってきて？

礼二 それをやりたくなる。よく拡声器があるじゃないですか。あれでまず、やってみ

る。めっちゃウケます（笑）。「これ次、放送室でやろう」って（笑）

田中 楽しそうですね。

礼二 放送部にちょっと頼んで、「（車掌のモノマネで）毎度ご乗車ありがとうございまーす」。そうすると聞こえるんです、教室からの笑い声が。アハハーッいうて（笑）。これは、やめられませんでしたね（笑）

田中 町にいる変わったおじさんとか、おばさんのモノマネもすごいじゃないですか。あいうのも、本当にいるんですか。

礼二 います、います。阪神電車の尼崎《あまがさき》センタープール前という駅に行くと、競艇場に向かう昔ながらのおっさんがいまだにいるんです。基本的に歯がないおっちゃん（笑）。これはもう基本的に歯がない。あっても三本です（笑）

田中 少ない。

礼二 昔は、たばこ吸いながら乗ってくるおっさんもいましたしね。ぼくは見てないですけど、うちの兄貴が一回見たのは、上半身裸で、血だらけで乗ってきたおっさんがいた（笑）

田中 怖い。

礼二 普通に梅田で降りていった。「どこへ行くの、あのおっさん」て（笑）。なかなか強烈なんですよ。この間もぼく、尼崎センタープール前で、「からあげクン」持っておっさんが電車に入ってきたんですよ。食べてるんですけど、おっさん、前のほうは歯がないから（笑）、ずっと「からあげクン」を口のなかでころころ、ころころ転がしてる（笑）

田中 強烈ですね（笑）。あと、モノマネというと中国語。礼二さんは、本当はしゃべれる人なんですか。

礼二 本当はしゃべれないんです（笑）。もしぼく、中国語できたらたぶん、まねしてないでしょうね。おもしろくないと思います。

田中 なるほど。

礼二 たとえば、カンフー映画を見てなんとなくニュアンスで、「(広東語《かんとん》ふうに) トクグイチュチュン、タイクーティンフォー」って（笑）。香港俳優の一人ひとりの息と間みたいなのもまねします。

田中 映画のなかにいますものね、絶対ね。

礼二 ええ。昔のカンフー映画を好きやった人はよくわかってくれると思うんですけど。

それを早くやらないとっていうのがあって（笑）。「いち早くやらんと、これは誰かにやられたら終わりや」思うて。

田中　ジャッキー・チェンとか？

礼二　はい。酔拳とか見て。でも、不思議なのは、北京語ふうでやると、あまりウケないんです。爆発力がないんですよ（笑）

田中　へえ。

礼二　広東語は「（広東語特有の強い口調で音を羅列）」（笑）。どうしても北京語になると「（北京語の優しい口調で音を羅列）」になってしまう（笑）。これ、ライブとかではお客さんにガッと響くんです。

田中　でも、すごくうまいですね。

礼二　あとは、ハングルですね。最初にやったのは、子どものときなんですよ。北朝鮮の映像を見て興味を持ちだした（笑）。それでなんとなくまねするようになったんです。

田中　まずは映像を見て、それを音で覚えちゃうんですか。

礼二　音で覚えるというのがありますね。

田中　耳で聞いてあれだけ再現できるんだったら、日本の英語教育も同じようにしたらなんとかなるかもしれませんね。

礼二　なんなんでしょうね（笑）。自分でも理屈はわかってないんですよ。

田中　観察力、聞き取る力がすごいんですね。

礼二　それがあったら、学生時代、もうちょっと勉強できてもよかった（笑）。なんか本当に、それだけみたいなことなんです。

司会　ずっと集中して見ちゃうんですか。

礼二　見ます。ずっと、ずっと見てしまいます。だから、最近、多いじゃないですか、韓国の人とかでも。やっぱりわからんけど聞いてますものね、横で。たとえば伊勢丹なんか行くと多いでしょう。「なんの買い物してんのやろ」ってジーッと見てます（笑）。それって普段のハングルじゃないですか。「（韓国語の語調で話す）」って（笑）

田中　中国の方たちが来て爆買いして帰るでしょ。

礼二　はい、はい。

田中　あのエネルギーに勝てるのは唯一、大阪のおばちゃんだけだと思うんですよ。

礼二　いや、うまいこと言うた（笑）。だから、「（おばちゃん口調で）ほんまにもう！うちの息子がお世話になりまして」って（笑）

田中　ありがとうございます（笑）。ところで学生の頃にやっていたスポーツは……。

礼二　ラグビーです（拍手）。

田中　ラグビーをやっていたんですか。ラグビーといえばねえ。あれ、ここにこんなものが（ラグビーボールが飛んでくる）。

礼二　ピッ、ノックオン、スクラム、帝京ボール（笑）

田中　これをやるために準備してあったんです（笑）

もう、怒濤《どとう》のモノマネラッシュです（笑）。どんな話にも必ずオチをつけて、かつモノマネも入るので、ずっと聞き入っていました。

これだけでずっと話ができるというくらい、礼二さんのエピソードは続くのですが、そこから漫才、お笑いのお話に入ります。

漫才に台本はない！

田中 お笑いは昔から目指されていたんですか。

礼二 いや、そんなことないです。でも、ずっとお笑いが好きで、どっかには「やりたい」とか、そういう気持ちはあったんですけど、ぼくはこれは職業にするもんじゃなくて、趣味として楽しんでいこうかなと。もう高校を出て働いていたので、親を心配させるわけにもいかんしという思いもありました。ところが、なんか知らんけど、うちの兄貴が急にやろうと言いだして。

田中 お兄さんは、学生時代にそういうことを人前でやっていたのですか。

礼二 やってたみたいです。ぼくの知らないところで。だから「おまえの兄貴、めっちゃおもしろいね」と言われても、家でおとなしいから、何がおもしろいねんと思ってた（笑）。全然わからなかったです。

田中 いまもわからないのですか。

礼二 わからない（笑）。この間も収録があって、ぼくがしゃべるんですけど、兄貴はほとんどしゃべってないんです。それで楽屋へ戻ったら、あいつ、のどスプレーやってたんですよ。「なんや、それ!」って。さすがに怒りましたね。「しゃべってへんのに、そののどスプレーはなんや!」「乾燥してるやろ」「ええかげんにせえよ!」(笑)

田中 お兄さん、おもしろい(笑)。兄弟でやっていることのよさはなんですか。

礼二 他人のコンビって、「これやろう」ってネタを合わしたりとかしますけど、ぼくらの場合はそれがなくても、舞台へポッと出ていってお客さんを見て、「あ、このネタにしようか」というのがなんとなく通じあっていますね。そういうときは「ああ、よかったなあ」と思いますね、本当に。

田中 ネタを決めて出てないっていうことですか。

礼二 兄貴が決めるのを嫌がるんですよ(笑)。「不自然やろう、決めている話を見にきているお客さんに聞かすというのは。漫才って、ふらっと来て、しゃべって、ふらっと帰るんがええんやないか」って(笑)

田中 かっこいい。じゃあ、出たその瞬間に……。

礼二 変えるときもあります。最初に共通のつかみというネタがあって、それをやったと

6章 お客さんを見ながらその場の空気で笑いをつくる―中川家・礼二さんとの対談―

きの反応を見て、その後のネタを変えたりとか。

司会　忘れたりしないのですか。いくつもネタをお持ちじゃないですか。

礼二　ぼくは忘れないですね。でも、あっちが忘れるんで（笑）。「あれで行こうか」って言うてきて、出ていった瞬間に「なんやったっけ？」みたいな顔をする（笑）。しょうがないから、自分でなんとかせなあかんと思うてこしらえながらやります。

田中　時々ステージの上で、二人で注意しあっているときがありますもんね。

礼二　あります。あれは本気です（笑）

田中　でも、これは、私たちが小学生と授業

をするときの雰囲気と同じで、相手に合わせて話を変えるというのはとても大事なことだなあと思います。

礼二 なるほど。でも、そうですね。あと、やったはいいけど、シーンとすべるとするじゃないですか。普通のコンビやったらケンカして帰ってきます。「なんで、あそこであれ言わへんねん！」って。うちは、それがないんです。

田中 許してるんですか。

礼二 はい、許します。「ああ、すべってんなあ」言うて、それも舞台で言うようにしているんです。「おまえいま、すべったでえ。見てみぃ、お客さんの顔。見てられへんやろ」「なんでおまえにそこまで言われなあかんのや」みたいなことを言いながら、またそこでネタをつくっているんですよ。

田中 すごい。事前にあんまりネタ合わせはしないんですか。

礼二 しませんね。

田中 M－1のときも？

礼二 はい。その当時、あまりテレビには出ていないですから、あんまりやっていないネタで劇場では確実に受けるネタを考えて、バランスよく、つかみから、本ネタから、オチまでという構成を決めて。で、平常心でっていうわけですね。

田中　平常心、欲しいですね。われわれも研究授業のときとか、つい気合いが入っちゃうから……。

礼二　そんなことがあるんですか。

田中　あります。普段はつくらないものをいっぱいつくってくるとか（笑）。前の日はひたすらそれにエネルギーを全部使う（笑）。当日、子どもがなんと言おうと使いきる（笑）

礼二　せっかくつくったんやから。なるほど。

田中　でもそうやって考えると、お兄さんと弟のコンビというのは、その辺で臨機応変に対応できるんですね。

礼二　ええ。スッとできますから、いいですね。あと、かっこ悪い部分を変に隠そうとせんほうがええということですね。

田中　そうですよね。

礼二　でも、その後どうしようと思って、頭のなかをグルグルグルッて回してますけどね（笑）。われわれの場合はどんな形であれ、ウケればオーケーみたいなところがありますから。

田中　先生方も「これ、言わなきゃ」と思っちゃうと、そこに行かなきゃいけないから、どうにか軌道修正をかけようとして、余計よくわからなくなっちゃうということがあると思うんですよね。

礼二　ぼくらのネタづくりでもそうです。ネタって普通、漫才のイメージやったら、Aが何々言うてBが「なんでやねん」と言うとか、台本というのがあるんですけど、ぼくらはそれもつくっていないんですよ。もう二十年ぐらい前からつくっていない。

　それをやると、見ただけで醒めるんですよね。おもしろくなくなるというか、醒めてまう。だから、よくあるじゃないですか。和食屋で長い紙にお品書きを書いていること。あんな感じです。「何々の話」「この話」「何の話」。でも、そのなかの話で、どう言うて、どう突っ込むかは決めてるんです。

田中　具体的には決めてないということなんですね。

礼二　はい。それを台本でつくってしまうと、さっき言ったように、そこに行かないといけなくなる。でも、聞いているほうはそんな気持ちじゃないっていうときがあるんでね。だから、これが難しいとこやなと思ってます。

ちょうどきのう、おとついと、単独ライブをやっていたんですけど、一日目の漫才と二日目の漫才が全く違ったんですよね。

田中 でも、お品書きは一緒だったということですよね。

礼二 お品書きは一緒なんですけども、中身の食材がゴロッと変わった。ほんまに肉から魚に変わったぐらい変わってました。自分たちでもびっくりしましたけど。

田中 変わりすぎましたね、肉から魚は。

礼二 ええ。一日でこんなに変わるのかいうぐらいなのが。

司会 それは会場にいらっしゃる皆さまからの空気感ですか。

礼二 空気感ですね、なんとなく。「あんまりきっちりしたネタを聞きたくないんかなあ」とか思いながら、勝手にこっちが想像してて。一日目、トークベースみたいなネタをやったときにあんまり反応がなかったんです。そんなに反応がなかったんで「これは考えなあかんなあ」と思って。それでもうちょっとがっつり本格的にしようと思ったら、そっちがまたはまったりとか。

田中 でも、翌日に来るお客さん、違う人ですよね。

礼二 違う人も来ますし、二日連続で来ている方も結構いてると思います。

田中　たとえばきょうだと、お客さんの雰囲気を見て、「学校の先生ばっかりやなあ。ちょっとやりづらいなあ」とか思って入ってきていますよね、きっと。

礼二　最初ここに出るまではそう思ってました。「どんな感じなんやろ」って（笑）

田中　「なんだ、普通だ」と。

礼二　ええ。出てきたら、「あ、結構軽めの客やな」と思って（笑）。いや、雰囲気がパッと明るかったんで。

田中　なるほど。

礼二　びっくりしました。それもイメージと違うじゃないですか。だから、実際にほんまにここに立つまでわからない。

田中　でも、ここの会場にいる先生たちはいま、「指導案」と研究授業のときの対応を比べながら聞いていたでしょう（笑）。「あれがあるがためにうまくいかない」みたいなね。だから、よく似ているなと思ってねえ。生ものを相手にするんで。

礼二　そうですね。解答が違いますもんね。

田中　でも、若い頃は台本とかは書かれていたんですよね。

礼二　そうですね。若い頃は、一応台本みたいなのを書いたんですけども。

田中　それをお二人でやっていた時代もある。

礼二　ありました。けど、全然おもしろくなかったですね。まず、予定どおりにいかないです。予定どおりいったためしはないと思うんですよ。「ここで笑いが来る」「ここは振りやから笑いが来ぃへん」とこっちが思っている、その逆をいくときもあります。振りの部分で笑いが変に来たりする。「これ、なんでやろ」とか思って、また考える。それをずっとやっていくうちに……。

田中　それは舞台でやりながら修正してきたということですね。

礼二　そうですね。

中川家のおもしろさの秘密を垣間見た気がします。でも、礼二さんが話されていたことは、先生にとってとても参考になることばかりでした。

台本ではなく、目の前のお客さんを大事にすることは、私たちが指導案ではなく、目の前の子どもを大事にするのと同じことです。

最後は、礼二さんから先生方へのエールで締めたいと思います。

自分のキャラを大切に！

礼二　学校の先生方にまずぼくが言いたいのは、無理に笑いを取りにいかないことです（笑）。これは本当に子どもがフエーってなるんですよ。だから、自分自身のキャラクターに合った感じで楽しくやるといいと思います。

笑いの量は、先生方はわれわれほど要りません。でも、授業のなかの一個か二個ぐらいは、「たとえばこの間、こんなんあってな」みたいなエピソード話で授業前にちょっと笑わせてあげる。ぼくが思いだした子どものときのおもしろい先生ってそうやったなと思います。

「この間どっかに行ってきて」とか、「嫁と買い物に行ってきて」とか、授業に全然関係ないエピソード話はなんでもいいです。何か一個言ってから授業にポンと入る。そのような感じでやっていただけると、子どもはより集中しやすいかなと思います。そのちょっとの笑いが結構難しいかもしれませんが、そのときはお笑いを見てください（笑）。本当にありがとうございました。

おわりに

子どもたちと授業をしているとき、私の脳みそはフル回転しています。

特に予定していたこととは異なる反応が出たり、別の流れが起こりそうになったとき、このまま子どもとつきあっていくと先には何が待っているのだろう、本当にいいのかなと不安になるのは実は私も同じなんです。

もしかしたら私にも新しい発見があって、ともに感動が味わえるかもと期待しつつ、もしも時間の無駄に終わってしまったらどうしようと迷う日々。でも、たとえ無駄になったとしても、子どもたちの状態がそうなら一度失敗を体験させていくことも大切か、など、わずか数秒間にたくさんのことを考えます。そしてそれを瞬間に判断しその後の授業を再構成していくのです。

教師もその道のプロのはず。職人技と言われるぐらいの瞬発力の伴う対応力を身に付けたいと思いませんか。これこそが対話で授業をしていくときの要になる力です。

最近では、ベテランも若手も同じようなマニュアルに従わされて授業をしなくてはならないというおかしな状況が広がっているようで、私のところにはたくさんの先生方から悲鳴が届きます。これでは専門職とは言い難いと嘆く方、こんなことでは、そのうちロボットに代用されてしまうのではないかと心配になるという声さえあります。

人と人が向きあうからこその予期せぬことが起きる緊張感、その予定外のことに対応するときの真摯な教師の姿勢、これら一つひとつを子どもは見て人の生き方を学んでいます。私たちの後ろ姿を見て子どもたちが手本にしているかもしれないと考えたら、形式的なマニュアルに浸っている場合ではないと考えるのです。

話術のプロの芸人さんとの一発勝負のトークショーで、彼らの私への真摯な対応に、私が多くのことを学んだように、授業中の教師の咄嗟の対応力が、子どものたくましい思考力、表現力、判断力育成のための見本となっていると考えたら、私たちもこの力の育成から逃げていてはいけないでしょう。

本書の作成に当たっては、トークの記録掲載を快く許していただいた吉本興業の芸人さんたちとその関係者の方々、そして準備不足の私をいつもサポートしてくれた我が教え子の平澤志帆氏、また本の構成・企画に当たっては、東洋館出版社の畑中潤氏に、多くのアドバイスをいただき大変お世話になりました。改めてお礼を申し上げます。

二〇一八年七月

田中　博史

田中博史（たなか・ひろし）
1958年山口県生まれ。山口大学教育学部卒業後、山口県内公立小学校3校の教諭を経て1991年より筑波大学附属小学校教諭、現在、同校副校長。専門は算数教育、授業研究、学級経営、教師教育。人間発達科学では学術修士。筑波大学人間学群教育学類非常勤講師、全国算数授業研究会会長、日本数学教育学会出版部幹事、学校図書教科書「小学校算数」監修委員。NHK教育番組「かんじるさんすう1・2・3」「わかる算数6年生」 NHK総合テレビ「課外授業ようこそ先輩」などの企画及び出演。

［主な著書］
『田中博史の楽しくて力がつく算数授業55の知恵』（文溪堂）『子どもと接するときにほんとうに大切なこと』（キノブックス）『語り始めの言葉「たとえば」で深まる算数授業』『子どもが変わる接し方』『子どもが変わる授業』（いずれも東洋館出版社）ほか多数。

協　力：株式会社 よしもとクリエイティブ・エージェンシー
　　　　株式会社 紀伊國屋書店
　　　　特定非営利活動法人放課後 NPOアフタースクール
装　丁：mika

教師にも瞬発力・対応力が必要です

2018（平成30）年8月8日 初版第1刷発行

著　者：田中博史
発行者：錦織圭之介
発行所：株式会社 東洋館出版社
〒113-0021 東京都文京区本駒込 5-16-7
営業部 TEL 03-3823-9206 ／ FAX 03-3823-9208
編集部 TEL 03-3823-9207 ／ FAX 03-3823-9209
振替 00180-7-96823　URL http://www.toyokan.co.jp
印刷・製本：藤原印刷株式会社

ISBN978-4-491-03580-2／Printed in Japan